# CARTEA DE LASAGNE STRAT-DUPĂ-SRAT

De la bolognese clasic la soiuri vegetariene creative. Peste 100 de rețete delicioase pentru strat și coacere, perfecte pentru cine în familie și ocazii speciale

Ovidiu Petrescu

Material cu drepturi de autor ©2023

Toate drepturile rezervate

Fără acordul scris corespunzător al editorului și al proprietarului drepturilor de autor, această carte nu poate fi folosită sau distribuită în niciun fel, formă sau formă, cu excepția citatelor scurte utilizate într-o recenzie. Această carte nu trebuie considerată un substitut al sfaturilor medicale, juridice sau de altă natură profesională.

# CUPRINS

**CUPRINS** ............................................................................. **3**
**INTRODUCERE** .................................................................. **6**
1. Lasagna într-o cană ........................................................ 7
2. Lasagna vegană cu tofu ................................................. 9
3. Lasagna cu dovlecei ..................................................... 11
4. Lasagna Fecioară .......................................................... 13
5. Lasagna ascuțită ........................................................... 15
6. Bucle lasagna cu spanac .............................................. 18
7. Lasagna de vinete ........................................................ 20
8. Lasagna cu mămăligă .................................................. 22
9. Lasagna de linte ........................................................... 24
10. Lasagna cu smog roșu și spanac ............................... 26
11. Lasagna cu legume prăjite ........................................ 29
12. Lasagna cu radicchio și ciuperci ............................... 31
13. Lasagna Primavera .................................................... 33
14. Lasagna cu fasole neagră și dovleac ........................ 36
15. Manicotti umplute cu smog ...................................... 39
16. Manicotti de spanac .................................................. 42
17. Lasagna Pinwheels .................................................... 44
18. Caserolă lasagna cu legume ..................................... 46
19. Lasagna Ratatouille ................................................... 49
20. Lasagna de varză ....................................................... 52
21. Lasagna de ciocolată ................................................. 54
22. Lasagna la micul dejun cu mere ............................... 57
23. Lasagna clasică cu tofu ............................................. 59
24. Lasagna cu Chard roșie și Baby Spanac .................. 61
25. Lasagna cu legume prăjite ........................................ 64
26. Lasagna cu radicchio și ciuperci ............................... 67
27. Lasagna Primavera .................................................... 70
28. Lasagna Tex-Mex ....................................................... 73
29. Lasagna cu fasole neagră și dovleac ........................ 76
30. Lasagna cu sos alb .................................................... 79
31. Lasagna cu brânză de vaci ........................................ 82

32. Supa lasagna ............................................................. 84
33. Lasagna pepperoni ................................................... 86
34. Lasagna spaniolă ...................................................... 88
35. Busuioc Rigatoni Vegan ........................................... 90
36. Lasagna clasică ........................................................ 92
37. Lasagna cu tripe cu paste integrale de grau ............ 95
38. Lasagna clasică ........................................................ 99
39. Lasagna cu ciuperci şi spanac ................................ 102
40. Lasagna de roşii cu tapenadă de măsline .............. 105
41. Lasagna cu anghinare si spanac ............................ 108
42. Creveți cu usturoi Alfredo Coace ............................ 111
43. Coji de paste umplute caprese ............................... 114
44. Bucatini cu Pesto si Cartofi Dulci ............................ 117
45. Pui de bivoliță Alfredo Bake .................................... 120
46. Queso Mac and Cheese .......................................... 122
47. Papioane cremoase pesto de pui şi broccoli ......... 125
48. Spaghete cu ceapa rosie si bacon ......................... 127
49. Paste cu cârnați şi broccoli Rabe ........................... 129
50. Macaroane şi brânză gruyere ................................. 131
51. Spaghete din grâu integral cu roşii cherry ............. 133
52. Fettuccine Alfredo ................................................... 135
53. Macaroane şi brânză cu pui .................................... 137
54. Rigatoni cu cârnați, mazăre şi ciuperci .................. 140
55. Classic Penne a la Vodka ....................................... 143
56. Caserolă cu homar şi tăiței ..................................... 145
57. Papioni cu cârnați, roşii şi smântână ..................... 148
58. Turcia şi Porcini Tetrazzini ..................................... 150
59. Paste cu roşii şi mozzarella .................................... 153
60. Paste cremoase de creveți pesto ........................... 156
61. Tortellini cu spanac şi roşii ..................................... 158
62. Paste Cajun cu pui .................................................. 160
63. Creveți cu piper Alfredo .......................................... 163
64. Lasagna Verde ........................................................ 166
65. Lasagna cu ciuperci cu dovleac ............................. 169
66. Cuscus palestinian .................................................. 173
67. Manicotti umplute cu smog .................................... 177

68. Manicotti de spanac și sos de nuci .................................. 180
69. Paste umplute cu vinete și tempeh ................................. 183
70. Ravioli de dovleac cu mazăre ....................................... 186
71. Ravioli de anghinare-nuci ........................................... 189
72. Tortellini cu sos de smantana ...................................... 192
73. Gnocchi cu vin roșu – sos de roșii ................................ 195
74. Pierogi cu ceapă prăjită ............................................. 198
75. Lasagna Alfredo de pui .............................................. 200
76. Coji decadente umplute cu spanac ............................... 202
77. Penne Beef Coace ..................................................... 204
78. Tetrazzini de pui ...................................................... 206
79. Paste la cuptor cu butternut și chard ............................ 208
80. Chili Mac Casserole .................................................. 210
81. Penne și cârnați afumati ............................................. 212
82. Provolone Ziti Bake ................................................... 214
83. Coacerea creveților de păr de înger .............................. 216
84. Lasagna cu curry ...................................................... 218
85. Lasagna cu coji de paste încărcate ............................... 220
86. Mostaccioli de chiftele cu trei brânzeturi ........................ 222
87. Lasagna albă cu fructe de mare ................................... 224
88. Pizza Paste Caserolă ................................................. 227
89. Manicotti de brânză .................................................. 229
90. Lasagna cu patru brânzeturi ....................................... 231
91. Lasagna cu pui de bivoliță .......................................... 233
92. Rulouri cremoase de lasagna cu pui ............................. 236
93. Lasagna Marsala cu pui ............................................. 238
94. Lasagna Putere ........................................................ 241
95. Caserolă cu creveți Fettuccine .................................... 244
96. Lasagna cu spanac cu anghinare ................................. 246
97. Lasagna în stil texan ................................................. 249
98. Lasagna tradițională ................................................. 251
99. Caserolă cu cârnați ................................................... 253
100. Lasagna de fasole ................................................... 255
**CONCLUZIE** ................................................................ 257

# INTRODUCERE

Bine ați venit în ghidul suprem al lumii lasagnei! Această carte de bucate este dedicată uneia dintre cele mai îndrăgite mâncăruri italiene din toate timpurile - lasagna. Indiferent dacă ești un bucătar experimentat sau un începător, această carte de bucate este plină cu rețete ușor de urmat care te vor ajuta să faci lasagne delicioase pe care întreaga ta familie le va îndrăgi.

În această carte, veți găsi peste 100 de rețete de lasagna delicioase, care vă vor duce într-o călătorie a aromelor și texturilor. De la lasagne clasice cu roșii și carne până la opțiuni vegetariene și fără gluten, există o rețetă pentru toată lumea. Dar asta nu este tot - vă vom arăta și cum să creați lasagne unice și creative care vă vor impresiona oaspeții și îi vor face să cerșească mai mult.

Ceea ce diferențiază această carte de bucate este concentrarea noastră pe stratificare. Credem că cheia unei lasagne grozave este procesul de stratificare. Fiecare strat trebuie realizat cu atenție pentru a crea un echilibru armonios de arome și texturi. În această carte, vă vom învăța secretele noastre pentru a obține straturile perfecte de lasagna, astfel încât să vă puteți duce jocul cu lasagna la următorul nivel.

Deci, dacă sunteți gata să începeți să stratificați și să creați cea mai bună lasagna, atunci să ne apucăm de gătit!

1. **Lasagna într-o cană**

**Ingrediente:**
- 2 foi de lasagna de paste, gata de servire
- 6 oz. Apă
- 1 lingurita ulei de masline sau spray de gatit
- 3 linguri Sos pizza
- 4 linguri Ricotta sau branza de vaci
- 3 linguri Spanac
- 1 lingură brânză Cheddar
- Opțional: 2 linguri de cârnați gătiți

**Directii:**
a) Rupeți foile de lasagna și puneți-le corect în interiorul cănii.
b) Pulverizati cu ulei de masline, evita sa se lipeasca.
c) Acoperiți lasagna cu apă.
d) Gatiti 3-4 minute in cuptorul cu microunde sau pana cand pastele par fragede.
e) Scoateți apa și lăsați pastele deoparte.
f) În aceeași cană, adăugați sosul de pizza și puneți câteva bucăți de paste în cană.
g) Adăugați spanacul, ricotta și cârnații în straturi.
h) Presărați brânză cheddar deasupra.
i) Continuați din nou straturile începând cu paste.
j) Puneți în cuptorul cu microunde și acoperiți cu un capac pentru microunde sau cu un prosop de hârtie pentru a evita stropii.
k) Gatiti in cuptorul cu microunde timp de 3 minute sau pana cand lasagna este incalzita.
l) Lasam sa se raceasca 1-2 minute si bucura-te de gust.

## 2. Lasagna vegană cu tofu

Face 6 portii

**Ingrediente**
- 12 uncii taitei lasagna
- 1 kilogram de tofu ferm, scurs și mărunțit
- 1 kilogram de tofu moale, scurs și mărunțit
- 2 linguri drojdie nutritiva
- 1 lingurita suc proaspat de lamaie
- 1 lingurita sare
- 1/4 lingurita piper negru proaspat macinat
- 3 linguri patrunjel proaspat tocat
- 1/2 cană parmezan vegan sauParmasio
- 4 cani de sos marinara

**Directii**

a) Preîncălziți cuptorul la 350°F.

b) Într-o oală cu apă clocotită cu sare, fierbeți tăițeii la foc mediu-mare, amestecând din când în când până când sunt doar al dente, aproximativ 7 minute.

c) Într-un castron mare, combinați tofusul ferm și moale. Adăugați drojdia nutritivă, sucul de lămâie, sare, piper, pătrunjel și 1/4 cană de parmezan. Se amestecă până se combină bine.

d) Pune un strat de sos de roșii în fundul unui vas de copt de 9 x 13 inci. Acoperiți cu un strat de tăiței fierți.

e) Întindeți jumătate din amestecul de tofu uniform peste tăiței. Repetați cu un alt strat de tăiței, urmat de un strat de sos.

f) Întindeți amestecul de tofu rămas deasupra sosului și terminați cu un ultim strat de tăiței și sos. Stropiți cu restul de 1/4 cană de parmezan. Dacă mai rămâne vreun sos, păstrați-l și serviți-l fierbinte într-un bol alături de lasagna.

g) Acoperiți cu folie și coaceți timp de 45 de minute. Scoateți capacul și coaceți încă 10 minute.

h) Lăsați să stea 10 minute înainte de servire.

### 3. Lasagna cu dovlecei

Randament: 12 porții
Timp total: 1 oră
Dificultate: moderată

### Ingrediente
- 9 taitei lasagna, fierti
- 5 căni de piure de cartofi calde, condimentate,
- 2 pachete (12 uncii) de dovleac
- 1 1/2 cani de branza ricotta
- 1 lingurita praf de ceapa
- 1/2 lingurita nucsoara
- 1 lingurita sare
- 1/2 lingurita piper negru
- 1 cană ceapă prăjită

### Directii:
a) Preîncălziți cuptorul la 350°F.
b) Folosind spray de gătit, acoperiți o tavă de copt de 9 x 13 inci.
c) Amestecați cartofii, dovleceii, brânza ricotta, praf de ceapă, nucșoară, sare și piper negru într-un lighean mare.
d) Puneți 3 tăiței în fundul vasului de copt care a fost pregătit. Întindeți 1/3 din amestecul de cartofi peste tăiței. Repetați straturile de încă două ori.
e) Se coace 45 de minute cu folie de aluminiu deasupra; îndepărtați folia și coaceți încă 8 până la 10 minute sau până când se rumenește și se încălzește.

## 4. Lasagna Fecioară

Servici 2

**Ingrediente:**
- 1 kilogram carne de vită hrănită cu iarbă, măcinată
- 1 1/2 cani de ardei gras rosu taiat cubulete
- 1 cană ceapă roșie, tăiată cubulețe
- 1 sos de paste de legume de 25,5 uncii, împărțit
- 1 lingurita sare de usturoi
- 1 lingurita oregano uscat
- 4 taitei lasagna de orez brun, fierti
- 1 lingura ulei de cocos
- 1 cană dovlecel, tăiat cubulețe
- 1 cană de broccoli, tăiat cubulețe
- 1 cană de spanac baby, tăiat cubulețe
- 4 catei de usturoi, tocati

**Directii:**
a) Preîncălziți cuptorul la 350 de grade Fahrenheit.
b) Într-o tigaie antiaderentă, rumeniți carnea până când nu mai devine roz.
c) Combinați sosul de spaghete, ardeiul roșu, ceapa, sarea de usturoi și oregano într-un castron mare. Pune asta deoparte pentru moment.
d) Într-o tigaie, încălziți uleiul și gătiți dovleceii, broccoli, spanac și usturoi, aproximativ 5 până la 8 minute.
e) În tava de copt 8x8, începeți să stratificați lasagna după cum urmează: tăiței lasagna, amestec de carne de vită, combinație de legume, sos de paste, tăiței lasagna, amestec de carne de vită, amestec de legume, tăiței de lasagna, amestec de carne de vită, amestec de legume și sosul de spaghete rămas.
f) Coaceți timp de 35 de minute sau până când este fierbinte și clocotește.

## 5. Lasagna ascuţită

Porții: 4

**Ingrediente:**
- 1 ½ lb. cârnați italieni picant mărunțiți
- 5 căni de sos de spaghete din magazin
- 1 cană sos de roșii
- 1 lingurita condimente italiene
- ½ cană de vin roșu
- 1 lingura. zahăr
- 1 lingura. ulei
- 5 mănuși de usturoi tocat
- 1 ceapa taiata cubulete
- 1 cană de brânză mozzarella mărunțită
- 1 cană de brânză provolone mărunțită
- 2 căni de brânză ricotta
- 1 cană brânză de vaci
- 2 ouă mari
- ¼ cană lapte
- 9 tăiței tăiței lasagna – prefierți
- ¼ cană parmezan ras

**Directii:**
a) Preîncălziți cuptorul la 375 de grade Fahrenheit.
b) Într-o tigaie, rumeniți cârnații mărunțiți timp de 5 minute. Orice grăsime trebuie aruncată.
c) Într-o oală mare, combinați sosul de paste, sosul de roșii, condimentele italiene, vinul roșu și zahărul și amestecați bine.
d) Într-o tigaie se încălzește uleiul de măsline. Apoi, timp de 5 minute, căliți usturoiul și ceapa.
e) Încorporați cârnații, usturoiul și ceapa în sos.
f) După aceea, acoperiți cratita și lăsați-o să fiarbă timp de 45 de minute.
g) Într-un vas de amestec, combinați mozzarella și brânzeturile provolone.
h) Într-un castron separat, combinați ricotta, brânza de vaci, ouăle și laptele.

i) Într-o tavă de copt de 9 x 13, turnați 12 cani de sos în fundul vasului.
j) Acum aranjați tăițeii, sosul, ricotta și mozzarella în tava de copt în trei straturi.
k) Întindeți parmezan deasupra.
l) Coaceți într-un vas acoperit timp de 30 de minute.
m) Coaceți încă 15 minute după ce ați descoperit vasul.

## 6. Bucle lasagna cu spanac

Randament: 4 portii
**Ingrediente:**
- 8 taitei lasagna din grau integral
- 1 lingura ulei de masline
- 2 catei de usturoi, tocati
- 3 căni de spanac baby proaspăt, tocat
- 3/4 cană brânză ricotta parțial degresată
- 2 linguri de parmezan ras
- 1 1/2 cană de sos de roșii cu conținut scăzut de sodiu, împărțit
- 1/2 cană brânză mozzarella parțial degresată

**Directii:**
a) Preîncălziți cuptorul la 375 de grade Fahrenheit. Folosind spray de gătit, acoperiți un vas de 8 × 8 inci.
b) Se aduce la fierbere într-o oală mare cu apă. Gătiți tăițeii lasagna conform instrucțiunilor de pe ambalaj. Puneți tăițeii pe hârtie ceară să se răcească.
c) Într-o tigaie mare, încălziți uleiul la foc mediu. Gatiti 30 de secunde dupa adaugarea usturoiului, apoi adaugati spanacul tocat si gatiti timp de 2 minute sau pana cand se ofilesc.
d) Luați spanacul de pe foc și lăsați-l să se răcească. Combină ricotta și parmezanul după ce s-a răcit.
e) Turnați 1/2 cană de sos de roșii în fundul caserolei.
f) Faceți spiralele de lasagna răspândind 2 lingurițe de amestec de spanac pe primul tăiței de lasagna și 1 lingură de sos de roșii deasupra.
g) Începând de la un capăt, rulați tăițeii în formă de spirală de la un capăt la altul. Pune lasagna, cu cusătura în jos, pe foaia de copt pregătită.
h) Repetați cu restul de tăiței și amestec de spanac.
i) Întindeți 1/2 cană de sos de roșii rămase peste spirale și acoperiți cu brânză mozzarella.
j) Coaceți timp de 15-20 de minute, sau până când brânza este complet topită. Bucurați-vă!

## 7. Lasagna de vinete

Porții 4-6

**INGREDIENTE**
- 2 vinete mari, decojite și tăiate pe lungime fâșii
- nucă de cocosulei
- sare si piper
- **SOS DE CARNE**
- 2 căni de brânză de fermier cu conținut scăzut de grăsimi
- 2 oua
- 3 cepe verde, tocate
- 1 cană de brânză mozzarella mărunțită cu conținut scăzut de grăsimi

**DIRECTII**

a) Încinge cuptorul la 425 de grade.

b) Ungeți o foaie de prăjituri și aranjați felia de vinete. Se presară cu sare și piper. Coaceți felii câte 5 minute pe fiecare parte. Coborâți temperatura cuptorului la 375.

c) Rumeniți ceapa, carnea și usturoiul în ulei de cocos timp de 5 minute. Adăugați ciupercile și ardeiul roșu și gătiți timp de 5 minute. Adăugați roșiile, spanacul și condimentele și fierbeți timp de 5-10 minute.

d) Amestecați amestecul de brânză de fermier, ouă și ceapă. Răspândiți o treime din sosul de carne în fundul unei tigaie de sticlă. Așezați o jumătate de felii de vinete și o jumătate de brânză de fermier. Repeta. Adauga ultimul strat de sos si apoi mozzarella deasupra.

e) Acoperiți cu folie. Coaceți la 375 de grade timp de o oră. Scoateți folia și coaceți până când brânza se rumenește. Se lasa sa se odihneasca 10 minute inainte de servire.

## 8. Lasagna cu mămăligă

**INGREDIENTE**
- Spray de gătit antiaderent
- 1 cană sos marinara de înaltă calitate
- Aproximativ ½ tub de mămăligă prefiartă, tăiată în trei rondele de ½ inch grosime
- 3 linguri. plus 1 lingurita. brânză mozzarella măruntită

**DIRECTII:**

a) Pulverizați interiorul unui 16 oz. cană cu spray de gătit.

b) Adăugați ¼ de cană de sos pe fundul cănii, apoi adăugați o rundă de mămăligă, apoi 1 lingură. a brânzei. Repetați stratificarea de încă două ori. Adăugați restul de ¼ de cană de sos, apoi restul de 1 linguriță. de brânză.

c) Acoperiți și gătiți până se încinge, aproximativ 3 minute.

## 9. Lasagna de linte

**INGREDIENTE:**
- 1 lingurita ulei de masline.
- 1 ceapa, tocata.
- 1 morcov, feliat.
- 1 baton de telina, tocata.
- 1 cățel de usturoi, tocat.
- 2 conserve de 400 g linte, scursa, clatita.
- 1 lingurita faina de porumb.
- Cutie de 400 g roșii tocate.
- 1 lingurita ketchup cu ciuperci.
- 1 lingurita oregano feliat (sau 1 lingurita uscata).
- 1 lingurita praf de supa de legume.
- 2 capete de conopida, rupte in buchete.
- 2 linguri lapte de soia neindulcit.
- Un praf de nucsoara proaspat rasa.
- 9 foi de lasagna uscate fără ouă.

**DIRECTII:**

a) Se încălzește uleiul într-o tigaie, se adaugă morcovul, țelina și ceapa și se prepară cu grijă timp de 10-15 minute până se înmoaie. Adăugați usturoiul, fierbeți câteva minute, apoi amestecați lintea și făina de porumb.

b) Adaugă roșiile plus o cutie plină cu apă, catsup-ul de ciuperci, oregano, praf de stoc și niște condimente. Se fierbe timp de 15 minute, amestecând din când în când.

c) Fierbeți conopida într-o oală cu apă clocotită timp de 10 minute sau până când se înmoaie. Scurgeți țevile, apoi faceți piure cu laptele de soia folosind un blender manual sau o moară alimentară. Asezonați bine și includeți nucșoara.

d) Includeți încă o treime din amestecul de linte, apoi întindeți deasupra o treime din piureul de conopidă, urmat de un strat de paste. Acoperiți cu ultima treime de linte și lasagna, urmate de piureul rămas.

e) Acoperiți lejer cu folie și coaceți timp de 35-45 de minute, eliminând folia pentru ultimele 10 minute de gătit.

## 10. Lasagna cu smog roșu și spanac

**Face 6 portii**

**Ingredient**
- 12 uncii taitei lasagna
- 1 lingura ulei de masline
- 2 catei de usturoi, tocati
- 8 uncii de smog roșu proaspăt, tulpinile dure îndepărtate și tocate grosier
- 9 uncii de spanac proaspăt, tocat grosier
- 1 kg de tofu ferm, scurs și mărunțit
- 1 kg de tofu moale, scurs și mărunțit
- 2 linguri drojdie nutritiva
- 1 lingurita suc proaspat de lamaie
- 2 linguri de patrunjel proaspat tocat cu frunze plate
- 1 lingurita sare
- ¼ linguriță piper negru proaspăt măcinat
- 3 1/2 cani de sos marinara

**DIRECTII:**
a) Într-o oală cu apă clocotită cu sare, fierbeți tăițeii la foc mediu-mare, amestecând din când în când până când sunt doar al dente, aproximativ 7 minute. Preîncălziți cuptorul la 350°F.
b) Într-o cratiță mare, încălziți uleiul la foc mediu. Adăugați usturoiul și gătiți până devine parfumat. Se adaugă mătgul și se fierbe, amestecând până se ofilesc, aproximativ 5 minute. Adăugați spanacul și continuați să gătiți, amestecând până se ofilește, încă aproximativ 5 minute. Acoperiți și gătiți până se înmoaie, aproximativ 3 minute. Acoperiți și lăsați deoparte să se răcească. Când este suficient de rece pentru a fi manipulat, scurgeți umiditatea rămasă din verdeață, apăsând împotriva lor cu o lingură mare pentru a stoarce orice exces de lichid. Puneți verdețurile într-un castron mare. Adăugați tofu, drojdia nutritivă, sucul de lămâie, pătrunjel, sare și piper. Se amestecă până se combină bine.

**c)** Pune un strat de sos de roșii în fundul unui vas de copt de 9 x 13 inci. Acoperiți cu un strat de tăiței. Întindeți jumătate din amestecul de tofu uniform peste tăiței. Repetați cu un alt strat de tăiței și un strat de sos. Întindeți amestecul de tofu rămas deasupra sosului și terminați cu un ultim strat de tăiței, sos și acoperiți cu parmezan.

**d)** Acoperiți cu folie și coaceți timp de 45 de minute. Scoateți capacul și coaceți încă 10 minute. Lăsați să stea 10 minute înainte de servire.

## 11. Lasagna cu legume prăjite

**Face 6 portii**
**Ingredient**
- 1 dovlecel mediu, tăiat în felii de 1/4 inch
- 1 vinete medie, tăiată în felii de 1/4 inch
- 1 ardei gras rosu mediu, taiat cubulete
- 2 linguri ulei de masline
- Sare și piper negru proaspăt măcinat
- 8 uncii tăiței lasagna
- 1 kg de tofu ferm, scurs, uscat și mărunțit
- 1 kilogram de tofu moale, scurs, uscat și mărunțit
- 2 linguri drojdie nutritiva
- 2 linguri de patrunjel proaspat tocat cu frunze plate
- 3 1/2 cani sos marinara, de casa

**DIRECTII:**

a) Preîncălziți cuptorul la 425°F. Răspândiți dovleceii, vinetele și ardeiul gras pe o tavă de copt de 9 x 13 inci ușor unsă cu ulei. Stropiți cu ulei și asezonați cu sare și piper negru după gust. Prăjiți legumele până când se înmoaie și se rumenesc ușor, aproximativ 20 de minute. Scoateți din cuptor și lăsați deoparte să se răcească. Reduceți temperatura cuptorului la 350°F.

b) Într-o oală cu apă clocotită cu sare, fierbeți tăițeii la foc mediu-mare, amestecând din când în când până când sunt doar al dente, aproximativ 7 minute. Scurgeți și puneți deoparte. Într-un castron mare, combinați tofu cu drojdia nutritivă, pătrunjelul și sare și piper, după gust. Amesteca bine.

c) Pentru a asambla, întindeți un strat de sos de roșii pe fundul unui vas de copt de 9 x 13 inci. Acoperiți sosul cu un strat de tăiței. Acoperiți tăițeii cu jumătate din legumele prăjite, apoi întindeți jumătate din amestecul de tofu peste legume. Repetați cu un alt strat de tăiței și acoperiți cu mai mult sos. Repetați procesul de stratificare cu legumele rămase și amestecul de tofu, terminând cu un strat de tăiței și sos. Presărați parmezan deasupra.

d) Acoperiți și coaceți timp de 45 de minute. Scoateți capacul și coaceți încă 10 minute. Scoateți din cuptor și lăsați să stea 10 minute înainte de a tăia.

## 12. Lasagna cu radicchio și ciuperci

**Face 6 portii**
**Ingredient**
- 1 lingura ulei de masline
- 2 catei de usturoi, tocati
- 1 radicchio cu cap mic, mărunțit
- 8 uncii de ciuperci cremini, ușor clătite, uscate și tăiate subțiri
- Sare și piper negru proaspăt măcinat
- 8 uncii tăiței lasagna
- 1 kg de tofu ferm, scurs, uscat și mărunțit
- 1 kilogram de tofu moale, scurs, uscat și mărunțit
- 3 linguri drojdie nutritivă
- 2 linguri patrunjel proaspat tocat
- 3 cani de sos marinara, de casa

**DIRECTII:**

a) Într-o tigaie mare, încălziți uleiul la foc mediu. Adăugați usturoiul, radicchio și ciupercile. Acoperiți și gătiți, amestecând din când în când, până se înmoaie, aproximativ 10 minute. Se condimenteaza cu sare si piper dupa gust si se lasa deoparte

b) Într-o oală cu apă clocotită cu sare, fierbeți tăițeii la foc mediu-mare, amestecând din când în când până când sunt doar al dente, aproximativ 7 minute. Scurgeți și puneți deoparte. Preîncălziți cuptorul la 350°F.

c) Într-un castron mare, combinați tofu-ul ferm și moale. Adăugați drojdia nutritivă și pătrunjelul și amestecați până se omogenizează bine. Amestecați amestecul de radicchio și ciuperci și asezonați cu sare și piper după gust.

d) Pune un strat de sos de roșii în fundul unui vas de copt de 9 x 13 inci. Acoperiți cu un strat de tăiței. Întindeți jumătate din amestecul de tofu uniform peste tăiței. Repetați cu un alt strat de tăiței, urmat de un strat de sos. Întindeți deasupra amestecul de tofu rămas și terminați cu un ultim strat de tăiței și sos. Se presara blatul cu nuca macinata.

e) Acoperiți cu folie și coaceți timp de 45 de minute. Scoateți capacul și coaceți încă 10 minute. Lăsați să stea 10 minute înainte de servire.

## 13. Lasagna Primavera

**Face 6 până la 8 porții**

**Ingredient**
- 8 uncii tăiței lasagna
- 2 linguri ulei de masline
- 1 ceapa galbena mica, tocata
- 3 catei de usturoi, tocati
- 6 uncii de tofu mătăsos, scurs
- 3 căni de lapte de soia simplu, neîndulcit
- 3 linguri drojdie nutritivă
- 1/8 linguriță nucșoară măcinată
- Sare și piper negru proaspăt măcinat
- 2 cesti buchetele de broccoli tocate
- 2 morcovi medii, tocați
- 1 dovlecel mic, tăiat în jumătate sau în sferturi pe lungime și tăiat în felii de 1/4 inch
- 1 ardei gras rosu mediu, tocat
- 2 kilograme de tofu ferm, scurs și uscat
- 2 linguri de patrunjel proaspat tocat cu frunze plate
- 1/2 cană parmezan vegan sauParmasio
- 1/2 cană migdale sau nuci de pin măcinate

**DIRECTII:**
a) Preîncălziți cuptorul la 350°F. Într-o oală cu apă clocotită cu sare, fierbeți tăițeii la foc mediu-mare, amestecând din când în când până când sunt doar al dente, aproximativ 7 minute. Scurgeți și puneți deoparte.
b) Într-o tigaie mică, încălziți uleiul la foc mediu. Adăugați ceapa și usturoiul, acoperiți și gătiți până se înmoaie, aproximativ 5 minute. Transferați amestecul de ceapă într-un blender. Adăugați tofu de mătase, laptele de soia, drojdia nutritivă, nucșoara și sare și piper după gust. Se amestecă până se omogenizează și se lasă deoparte.
c) Se fierbe broccoli, morcovii, dovleceii și ardeiul gras până se înmoaie. Se ia de pe foc. Se sfărâmă tofu ferm într-un castron mare. Adauga patrunjelul si 1/4 cana de parmezan si asezoneaza

cu sare si piper dupa gust. Se amestecă până se combină bine. Se amestecă legumele fierte la abur și se amestecă bine, adăugând mai multă sare și piper, dacă este nevoie.

**d)** Pune un strat de sos alb pe fundul unui vas de copt de 9 x 13 inci ușor uns cu ulei. Acoperiți cu un strat de tăiței. Întindeți jumătate din amestecul de tofu și legume uniform peste tăiței. Repetați cu un alt strat de tăiței, urmat de un strat de sos. Întindeți deasupra amestecul de tofu rămas și terminați cu un ultim strat de tăiței și sos, terminând cu restul de 1/4 cană de parmezan.Acoperiți cu folie și coaceți timp de 45 de minute.

**14. Lasagna cu fasole neagră și dovleac**

Face 6 până la 8 porții

**Ingredient**
- 12 taitei lasagna
- 1 lingura ulei de masline
- 1 ceapa galbena medie, tocata
- 1 ardei gras rosu mediu, tocat
- 2 catei de usturoi, tocati
- 1 1/2 cani gătite sau 1 cutie (15,5 uncii) de fasole neagră, scursă și clătită
- (14,5 uncii) cutie de roșii zdrobite
- 2 lingurițe de pudră de chili
- Sare și piper negru proaspăt măcinat
- 1 kilogram tofu ferm, bine scurs
- 3 linguri patrunjel proaspat tocat sau coriandru
- 1 conserve (16 uncii) de piure de dovleac
- 3 cani de salsa de rosii

**DIRECTII:**
a) Într-o oală cu apă clocotită cu sare, fierbeți tăițeii la foc mediu-mare, amestecând din când în când până când sunt doar al dente, aproximativ 7 minute. Scurgeți și puneți deoparte. Preîncălziți cuptorul la 375°F.

b) Într-o tigaie mare, încălziți uleiul la foc mediu. Adăugați ceapa, acoperiți și gătiți până se înmoaie. Adăugați ardeiul gras și usturoiul și gătiți până se înmoaie, încă 5 minute. Se amestecă fasolea, roșiile, 1 linguriță de pudră de chili și sare și piper negru după gust. Se amestecă bine și se lasă deoparte.

c) Într-un castron mare, combinați tofu, pătrunjelul, restul de 1 linguriță de praf de chili și sare și piper negru după gust. Pus deoparte. Într-un castron mediu, combinați dovleacul cu salsa și amestecați pentru a se amesteca bine. Se condimenteaza cu sare si piper dupa gust.

d) Întindeți aproximativ ¾ de cană din amestecul de dovleac în fundul unui vas de copt de 9 x 13 inci. Acoperiți cu 4 tăiței.

Acoperiți cu jumătate din amestecul de fasole, urmat de jumătate din amestecul de tofu. Acoperiți cu patru dintre tăiței, urmați de un strat de amestec de dovleac, apoi amestecul de fasole rămas, acoperit cu tăițeii rămași. Întindeți amestecul de tofu rămas peste tăiței, urmat de amestecul de dovleac rămas, întindeți-l pe marginile tigaii.

**e)** Acoperiți cu folie și coaceți până când sunt fierbinți și clocotiți, aproximativ 50 de minute. Descoperiți, stropiți cu semințe de dovleac și lăsați să stea 10 minute înainte de servire.

## 15. Manicotti umplute cu smog

**Face 4 portii**

**Ingredient**
- 12 manicotti
- 3 linguri ulei de masline
- 1 ceapa mica, tocata
- 1 buchet mediu de smog elvețian, tulpini tari tăiate și tocate
- 1 kg de tofu ferm, scurs și mărunțit
- Sare și piper negru proaspăt măcinat
- 1 cană caju crude
- 3 căni de lapte de soia simplu, neîndulcit
- 1/8 linguriță nucșoară măcinată
- 1/8 linguriță de cayenă măcinată
- 1 cană pesmet uscat necondimentat

**DIRECTII:**
a) Preîncălziți cuptorul la 350°F. Unge ușor o tavă de copt de 9 x 13 inci și pune deoparte.

b) Într-o oală cu apă clocotită cu sare, gătiți manicotti la foc mediu-mare, amestecând din când în când, până al dente, aproximativ 8 minute. Se scurge bine si se trece sub apa rece. Pus deoparte.

c) Într-o tigaie mare, încălziți 1 lingură de ulei la foc mediu. Adăugați ceapa, acoperiți și gătiți până se înmoaie aproximativ 5 minute. Adăugați mătgul, acoperiți și gătiți până când magul este fraged, amestecând ocazional, aproximativ 10 minute. Se ia de pe foc și se adauga tofu, amestecand pentru a se amesteca bine. Se condimenteaza bine cu sare si piper dupa gust si se lasa deoparte.

d) Într-un blender sau robot de bucătărie, măcinați caju până la o pudră. Adăugați 1/2 cani de lapte de soia, nucșoară, cayenne și sare după gust. Se amestecă până la omogenizare. Adăugați restul de 11/2 căni de lapte de soia și amestecați până devine cremos. Gustați, ajustând condimentele dacă este necesar.

e) Întindeți un strat de sos pe fundul vasului de copt pregătit. Împachetați aproximativ 1/3 de cană de umplutură de smog în manicotti. Aranjați manicotti umpluți într-un singur strat în tava de copt. Turnați sosul rămas peste manicotti. Într-un castron mic, combinați pesmetul și restul de 2 linguri de ulei și stropiți peste manicotti. Acoperiți cu folie și coaceți până când sunt fierbinți și clocotiți, aproximativ 30 de minute. Serviți imediat.

## 16. Manicotti de spanac

**Face 4 portii**
**Ingredient**
- 12 manicotti
- 1 lingura ulei de masline
- 2 salote medii, tocate
- 2 pachete (10 uncii) spanac tocat congelat, decongelat
- 1 kilogram de tofu extra ferm, scurs și mărunțit
- 1/4 linguriță nucșoară măcinată
- Sare și piper negru proaspăt măcinat
- 1 cană bucăți de nucă prăjită
- 1 cană tofu moale, scurs și mărunțit
- 1/4 cană drojdie nutritivă
- 2 căni de lapte de soia simplu, neîndulcit
- 1 cană pesmet uscat

**DIRECTII:**

a) Preîncălziți cuptorul la 350°F. Unge ușor o tavă de copt de 9 x 13 inci. Într-o oală cu apă clocotită cu sare, gătiți manicotti la foc mediu-mare, amestecând din când în când, până al dente, aproximativ 10 minute. Se scurge bine si se trece sub apa rece. Pus deoparte.

b) Într-o tigaie mare, încălziți uleiul la foc mediu. Adaugati salota si gatiti pana se inmoaie, aproximativ 5 minute. Stoarceți spanacul pentru a elimina cât mai mult lichid posibil și adăugați-l la șalotă. Asezonați cu nucșoară și sare și piper după gust și gătiți 5 minute, amestecând pentru a se amesteca aromele. Adăugați tofu extra-firm și amestecați pentru a se amesteca bine. Pus deoparte.

c) Intr-un robot de bucatarie proceseaza nucile pana se macina fin. Adăugați tofu moale, drojdie nutritivă, lapte de soia și sare și piper după gust. Procesați până la omogenizare.

d) Întindeți un strat de sos de nuci pe fundul vasului de copt pregătit. Umpleți manicotti cu umplutura. Aranjați manicotti umpluți într-un singur strat în tava de copt. Se pune deasupra sosul rămas. Acoperiți cu folie și coaceți până se încinge, aproximativ 30 de minute. Descoperiți, stropiți cu pesmet și coaceți încă 10 minute pentru a rumeni ușor blatul. Serviți imediat.

## 17. Roți de lasagna

**Face 4 portii**

**Ingredient**
- 12 taitei lasagna
- 4 căni de spanac proaspăt ușor împachetat
- 1 cană de fasole albă fiartă sau conservată, scursă și clătită
- 1 kilogram de tofu ferm, scurs și uscat
- ½ linguriță sare
- ¼ linguriță piper negru proaspăt măcinat
- ⅛ linguriță nucșoară măcinată
- 3 cani de sos marinara, de casa

**DIRECTII:**

a) Preîncălziți cuptorul la 350°F. Într-o oală cu apă clocotită cu sare, fierbeți tăițeii la foc mediu-mare, amestecând din când în când, până când sunt doar al dente, aproximativ 7 minute.

b) Așezați spanacul într-un vas pentru microunde cu 1 lingură de apă. Acoperiți și puneți la microunde timp de 1 minut până se ofilesc. Scoateți din bol, stoarceți orice lichid rămas.

c) Transferați spanacul într-un robot de bucătărie și pulsați pentru a toca. Adăugați fasolea, tofu, sare și piper și procesați până se combină bine. Pus deoparte.

d) Pentru a asambla roțile, așezați tăițeii pe o suprafață de lucru plană. Întindeți aproximativ 3 linguri de amestec de tofu-spanac pe suprafața fiecărui tăiței și rulați. Repetați cu ingredientele rămase. Întindeți un strat de sos de roșii pe fundul unei caserole puțin adânci.

e) Așezați rulourile în poziție verticală deasupra sosului și puneți o lingură din sosul rămas pe fiecare roată. Acoperiți cu folie și coaceți timp de 30 de minute. Serviți imediat.

## 18. Lasagna cu legume caserolă

**Ingredient**
- 1 dovlecel mic
- 1 dovleac galben mic
- 1 ceapă medie
- 1 ardei gras rosu mare
- 5 uncii de brânză mozzarella în stil bivoliță fără lapte
- 1/4 cană măsline negre tăiate cu sâmburi tăiate cu sâmburi
- 1 lingurita busuioc uscat
- 1 lingurita sare de mare
- 1/2 lingurita oregano uscat
- 1/4 lingurita fulgi de ardei rosu
- 1/4 lingurita piper negru macinat
- 1 conserve (15 uncii) de sos de roșii
- 1/4 cană brânză parmezan măruntită fără lapte

**DIRECTII:**

a) Tăiați dovleceii și dovleceii galbeni pe lungime în fâșii groase de 1/8 până la 1/4 inch. Împărțiți ambele în două părți.

b) Tăiați ceapa în felii de jumătate de lună. Împărțiți feliile în trei părți. Tăiați ardeiul gras pe lungime în fâșii de 1 1/2 inch. Împărțiți benzile în trei părți.

c) Tăiați mozzarella în cuburi de 1/4 inch. Transferați cuburile într-un castron mic și adăugați măslinele, busuioc, sare, oregano, fulgi de ardei roșu și piper. Se amestecă bine și se împarte amestecul în trei părți.

d) Preîncălziți friteuza cu aer la 360°F timp de 5 minute. Răspândiți 1/2 cană de sos de roșii în fundul unei tavi de copt de 6 până la 7 inci. Peste sosul de roșii, așezați câte o parte de dovlecel, dovleac, ceapă și ardei. Adăugați prima treime din amestecul de mozzarella. Repetați acest proces pentru încă 2 straturi. Stropiți stratul superior cu parmezan.

e) Acoperiți tava de copt cu folie, transferați-le în friteuza și gătiți la 360 ° F timp de 15 minute. Descoperiți și gătiți încă 10 minute.

f) Porții: 2 până la 4

## 19. Lasagna Ratatouille

PORȚII 8–10

Ingrediente

- Aluat cu ou
- Ulei de măsline extra virgin
- 3 catei de usturoi, tocati
- 1 cană (237 ml) de vin roșu
- 2 (28 oz [794 g]) cutii zdrobite
- rosii
- 1 buchet busuioc
- Sare cușer
- Piper negru proaspăt măcinat
- Ulei de masline
- 1 vinete, curatata si taiata cubulete mici
- 1 dovlecel verde, tăiat cubulețe mici
- 1 dovleac de vara, taiat cubulete mici
- 2 roșii, tăiate cubulețe mici
- 4 catei de usturoi, taiati felii
- 1 ceapă roșie, feliată subțire
- Sare cușer
- Piper negru proaspăt măcinat
- 3 căni (390 g) de mozzarella mărunțită

**Directii**

a) Preîncălziți cuptorul la 350 ° F (177 ° C) și aduceți o oală mare cu apă cu sare la fiert.

b) Pudrați două tavi cu făină de gris. Pentru a face pastele, întindeți aluatul până când foaia are o grosime de aproximativ 1 / 16 inci (1,6 mm).

c) Tăiați foile rulate în secțiuni de 12 inchi (30 cm) și așezați-le pe tavă până când aveți aproximativ 20 de foi. Lucrând în loturi, aruncați foile în apă clocotită și gătiți până când sunt flexibile, aproximativ 1 minut. Se pune pe prosoape de hârtie și se usucă.

d) Pentru a face sosul, intr-o oala la foc mediu se adauga uleiul de masline extravirgin, usturoiul si se calesc aproximativ un minut sau pana devine translucid. Adaugam vinul rosu si lasam sa se reduca la jumatate. Se adauga apoi rosiile zdrobite, busuiocul si sare si piper. Se lasa sa fiarba la foc mic aproximativ 30 de minute.

e) Pentru a face umplutura, intr-o tigaie mare la foc iute, adauga un strop de ulei de masline, vinete, dovlecel, dovlecei, rosii, usturoi si ceapa rosie. Asezonați cu sare și piper negru proaspăt măcinat.

f) Pentru a asambla, puneți sosul pe fundul unui vas de copt de 9 × 13 inchi (22,9 × 33 cm). Așezați foile de paste în jos, suprapunându-le ușor, acoperind fundul vasului. Adauga ratatouille uniform peste foile de paste si presara mozzarella deasupra. Adăugați următorul strat de foi de paste în direcția opusă și repetați aceste straturi până când ajungeți la vârf sau a fost folosită toată umplutura. Peste foaia de deasupra se pune niște sos uniform și se mai stropește cu puțină mozzarella.

g) Pune lasagna la cuptor și gătește aproximativ 45 de minute până la 1 oră. Lăsați-l să se răcească aproximativ 10 minute înainte de a-l tăia și de a servi.

## 20. Lasagna de varză

Randament: 8 portii

**Ingredient**
- 2 kg carne de vită tocată
- 1 ceapă; tocat
- 1 ardei verde; tocat
- 1 Varză medie; mărunțită
- 1 lingurita Oregano
- 1 lingurita Sare
- ⅛ linguriță de piper
- 18 uncii Pastă de tomate; SAU
- Pasta de rosii cu condimente italiene
- 8 uncii de brânză Mozzarella; feliate

**DIRECTII:**

a) Se călește carnea de vită, ceapa și ardeiul verde până când carnea devine maronie. Scurgeți bine.

b) Între timp, fierbeți varza până se înmoaie, 2-5 minute. Combina 2 cani de varza lichida cu oregano, sare, piper si pasta de rosii.

c) Fierbeți sau cuptorul cu microunde timp de 5 minute. Adăugați amestecul de carne-legume. Se fierbe încă 5 minute. Puneți jumătate din amestecul de roșii-carne într-o tigaie de 13x9". Puneți varza bine scursă peste sos, apoi restul de sos. Acoperiți cu brânză feliată.

d) Coaceți la 400 F. timp de 25-40 de minute. Brânza poate fi adăugată în ultimele 5-10 minute. Se poate pune la microunde pentru un timp și apoi se termină în cuptor, pentru a reduce timpul de gătire.

## 21. Lasagna de ciocolata

Randament: 6 porții

**Ingredient**
- 1¾ cană de făină
- 2 linguri pudra de cacao neindulcita
- 1 praf de sare
- 2 ouă foarte mari
- 2 lingurite ulei vegetal
- 4 căni de brânză ricotta cu lapte integral
- 2 căni de smântână
- 6 linguri de zahăr
- 1 lingura coaja de portocala
- 2 linguri Grand Marnier
- 1 praf de sare
- 12 uncii de ciocolată dulce-amăruie, mărunțită

**DIRECTII:**

a) Combinați făina, cacao și sarea într-un castron și faceți o fântână în centru. Adăugați ouăle și uleiul în centrul puțului și amestecați cu o furculiță pentru a forma aluatul. Framantam aluatul timp de 15 minute pana devine omogen si stralucitor, adaugand mai multa faina daca este necesar pentru a nu se lipi aluatul.

b) Înfășurați în folie de plastic și lăsați să se odihnească o jumătate de oră. Întindeți pastele cu mâna sau cu o mașină și tăiați-le în opt fâșii de 4-½ x 11 inci.

c) Gatiti cate doua fasii odata in apa clocotita cu sare. Gatiti doar 20 de secunde dupa ce apa revine la fierbere. Puneți tăițeii în apă rece pentru a opri gătirea. Când s-a răcit, puneți pe prosoape într-un singur strat pentru a se scurge.

d) Combinați toate ingredientele de umplutură și amestecați până la omogenizare. Pentru asamblare: Preîncălziți cuptorul la 425F cu grătarul în treimea superioară a cuptorului.

e) Ungeți cu generozitate o tigaie de 8"x11"x2". Alternați straturile de tăiței, umplutură de brânză și ciocolată, terminând cu un strat de brânză.

f) Coaceți 20-25 de minute până când blatul este ușor colorat. Lăsați lasagna să stea timp de 10 minute să se solidifice, apoi serviți caldă.

## 22. Lasagna la micul dejun cu mere

Randament: 6 porții

**Ingredient**
- 1 cană smântână
- ⅓ cană zahăr brun; bătătorit
- 12 felii de pâine prăjită congelată
- ½ kilograme șuncă fiartă
- 2½ cană brânză Cheddar; mărunțită
- 1 cutie umplutură de plăcintă cu mere
- 1 cană Granola

**DIRECTII:**

a) Într-un castron mic, combina zahărul și smântâna; se acopera si se da la frigider.

b) Puneți 6 felii de pâine prăjită în fundul unei tavi unse 9 x 13. În tava de copt, puneți șuncă, 2 căni de brânză și restul de 6 felii de pâine prăjită.

c) Întindeți umplutura deasupra; se presara granola peste mere. Coaceți în cuptorul preîncălzit la 350F timp de 25 de minute.

d) Acoperiți cu ½ cană de brânză cheddar rămasă; mai coaceți încă 5 minute până când brânza se topește și caserola este fierbinte. Serviți cu amestec de smântână

## 23. Lasagna clasică cu tofu

**Face 6 portii**

**Ingredient**
- 12 uncii taitei lasagna
- 1 kilogram de tofu ferm, scurs și mărunțit
- 1 kg de tofu moale, scurs și mărunțit
- 2 linguri drojdie nutritiva
- 1 lingurita suc proaspat de lamaie
- 1 lingurita sare
- ¼ linguriță piper negru proaspăt măcinat
- 3 linguri patrunjel proaspat tocat
- ½ cană parmezan vegan sauParmasio
- 4 cesti sos marinara, de casa

**Directii:**
a) Într-o oală cu apă clocotită cu sare, fierbeți tăițeii la foc mediu-mare, amestecând din când în când până când sunt doar al dente, aproximativ 7 minute. Preîncălziți cuptorul la 350°F. Într-un castron mare, combinați tofusul ferm și moale. Adăugați drojdia nutritivă, sucul de lămâie, sare, piper, pătrunjel și 1/4 cană de parmezan. Se amestecă până se combină bine.

b) Pune un strat de sos de roșii în fundul unui vas de copt de 9 x 13 inci. Acoperiți cu un strat de tăiței fierți. Întindeți jumătate din amestecul de tofu uniform peste tăiței. Repetați cu un alt strat de tăiței, urmat de un strat de sos.

c) Întindeți amestecul de tofu rămas deasupra sosului și terminați cu un ultim strat de tăiței și sos. Se presară cu 1/4 cană de parmezan rămasă. Dacă mai rămâne vreun sos, păstrați-l și serviți-l fierbinte într-un bol alături de lasagna.

d) Acoperiți cu folie și coaceți timp de 45 de minute. Scoateți capacul și coaceți încă 10 minute. Lăsați să stea 10 minute înainte de servire.

## 24. Lasagna cu smog roșu și baby spanac

**Face 6 portii**

**Ingredient**
- 12 uncii taitei lasagna
- 1 lingura ulei de masline
- 2 catei de usturoi, tocati
- 8 uncii de smog roșu proaspăt, tulpinile dure îndepărtate și tocate grosier
- 9 uncii de spanac proaspăt, tocat grosier
- 1 kg de tofu ferm, scurs și mărunțit
- 1 kg de tofu moale, scurs și mărunțit
- 2 linguri drojdie nutritiva
- 1 lingurita suc proaspat de lamaie
- 2 linguri de patrunjel proaspat tocat cu frunze plate
- 1 lingurita sare
- ¼ linguriță piper negru proaspăt măcinat
- 3 1/2 cani de sos marinara

**Directii:**
a) Într-o oală cu apă clocotită cu sare, fierbeți tăițeii la foc mediu-mare, amestecând din când în când până când sunt doar al dente, aproximativ 7 minute. Preîncălziți cuptorul la 350°F.

b) Într-o cratiță mare, încălziți uleiul la foc mediu. Adăugați usturoiul și gătiți până devine parfumat. Se adaugă mătgul și se fierbe, amestecând până se ofilesc, aproximativ 5 minute. Adăugați spanacul și continuați să gătiți, amestecând până se ofilește, încă aproximativ 5 minute.

c) Acoperiți și gătiți până se înmoaie, aproximativ 3 minute. Acoperiți și lăsați deoparte să se răcească. Când este suficient de rece pentru a fi manipulat, scurgeți umiditatea rămasă din verdeață, apăsând împotriva lor cu o lingură mare pentru a stoarce orice exces de lichid. Puneți verdețurile într-un castron mare. Adăugați tofu, drojdia nutritivă, sucul de lămâie, pătrunjel, sare și piper. Se amestecă până se combină bine.

**d)** Pune un strat de sos de roșii în fundul unui vas de copt de 9 x 13 inci. Acoperiți cu un strat de tăiței. Întindeți jumătate din amestecul de tofu uniform peste tăiței. Repetați cu un alt strat de tăiței și un strat de sos. Întindeți amestecul de tofu rămas deasupra sosului și terminați cu un ultim strat de tăiței, sos și acoperiți cu parmezan.

**e)** Acoperiți cu folie și coaceți timp de 45 de minute. Scoateți capacul și coaceți încă 10 minute. Lăsați să stea 10 minute înainte de servire.

## 25. Lasagna cu legume prăjite

**Face 6 portii**

**Ingredient**
- 1 dovlecel mediu, tăiat în felii de 1/4 inch
- 1 vinete medie, tăiată în felii de 1/4 inch
- 1 ardei gras rosu mediu, taiat cubulete
- 2 linguri ulei de masline
- Sare și piper negru proaspăt măcinat
- 8 uncii tăiței lasagna
- 1 kg de tofu ferm, scurs, uscat și mărunțit
- 1 kilogram de tofu moale, scurs, uscat și mărunțit
- 2 linguri drojdie nutritiva
- 2 linguri de patrunjel proaspat tocat cu frunze plate
- 3 1/2 cani sos marinara, de casa

**Directii:**
a) Preîncălziți cuptorul la 425°F. Răspândiți dovleceii, vinetele și ardeiul gras pe o tavă de copt de 9 x 13 inci ușor unsă cu ulei. Stropiți cu ulei și asezonați cu sare și piper negru după gust. Prăjiți legumele până când se înmoaie și se rumenesc ușor, aproximativ 20 de minute. Scoateți din cuptor și lăsați deoparte să se răcească. Reduceți temperatura cuptorului la 350°F.
b) Într-o oală cu apă clocotită cu sare, fierbeți tăițeii la foc mediu-mare, amestecând din când în când până când sunt doar al dente, aproximativ 7 minute. Scurgeți și puneți deoparte. Într-un castron mare, combinați tofu cu drojdia nutritivă, pătrunjelul și sare și piper, după gust. Amesteca bine.
c) Pentru a asambla, întindeți un strat de sos de roșii pe fundul unui vas de copt de 9 x 13 inci. Acoperiți sosul cu un strat de tăiței. Acoperiți tăițeii cu jumătate din legumele prăjite, apoi întindeți jumătate din amestecul de tofu peste legume.

**d)** Repetați cu un alt strat de tăiței și acoperiți cu mai mult sos. Repetați procesul de stratificare cu legumele rămase și amestecul de tofu, terminând cu un strat de tăiței și sos. Presărați parmezan deasupra.

**e)** Acoperiți și coaceți timp de 45 de minute. Scoateți capacul și coaceți încă 10 minute. Scoateți din cuptor și lăsați să stea 10 minute înainte de a tăia.

## 26. Lasagna cu radicchio și ciuperci

**Face 6 portii**

**Ingredient**
- 1 lingura ulei de masline
- 2 catei de usturoi, tocati
- 1 radicchio cu cap mic, mărunțit
- 8 uncii de ciuperci cremini, ușor clătite, uscate și tăiate subțiri
- Sare și piper negru proaspăt măcinat
- 8 uncii tăiței lasagna
- 1 kg de tofu ferm, scurs, uscat și mărunțit
- 1 kilogram de tofu moale, scurs, uscat și mărunțit
- 3 linguri drojdie nutritivă
- 2 linguri patrunjel proaspat tocat
- 3 cani de sos marinara, de casa

**Directii:**
a) Într-o tigaie mare, încălziți uleiul la foc mediu. Adăugați usturoiul, radicchio și ciupercile. Acoperiți și gătiți, amestecând din când în când, până se înmoaie, aproximativ 10 minute. Se condimenteaza cu sare si piper dupa gust si se lasa deoparte
b) Într-o oală cu apă clocotită cu sare, fierbeți tăițeii la foc mediu-mare, amestecând din când în când până când sunt doar al dente, aproximativ 7 minute. Scurgeți și puneți deoparte. Preîncălziți cuptorul la 350°F.
c) Într-un castron mare, combinați tofu-ul ferm și moale. Adăugați drojdia nutritivă și pătrunjelul și amestecați până se omogenizează bine. Amestecați amestecul de radicchio și ciuperci și asezonați cu sare și piper după gust.
d) Pune un strat de sos de roșii în fundul unui vas de copt de 9 x 13 inci. Acoperiți cu un strat de tăiței. Întindeți jumătate din

amestecul de tofu uniform peste tăiței. Repetați cu un alt strat de tăiței, urmat de un strat de sos. Întindeți deasupra amestecul de tofu rămas și terminați cu un ultim strat de tăiței și sos. Se presara blatul cu nuca macinata.

**e)** Acoperiți cu folie și coaceți timp de 45 de minute. Scoateți capacul și coaceți încă 10 minute. Lăsați să stea 10 minute înainte de servire.

## 27. Lasagna Primavera

**Face 6 până la 8 porții**

**Ingredient**
- 8 uncii tăiței lasagna
- 2 linguri ulei de masline
- 1 ceapa galbena mica, tocata
- 3 catei de usturoi, tocati
- 6 uncii de tofu mătăsos, scurs
- 3 căni de lapte de soia simplu, neîndulcit
- 3 linguri drojdie nutritivă
- 1/8 linguriță nucșoară măcinată
- Sare și piper negru proaspăt măcinat
- 2 cesti buchetele de broccoli tocate
- 2 morcovi medii, tocați
- 1 dovlecel mic, tăiat în jumătate sau în sferturi pe lungime și tăiat în felii de 1/4 inch
- 1 ardei gras rosu mediu, tocat
- 2 kilograme de tofu ferm, scurs și uscat
- 2 linguri de patrunjel proaspat tocat cu frunze plate
- 1/2 cană parmezan vegan sauParmasio
- 1/2 cană migdale sau nuci de pin măcinate

**Directii:**
a) Preîncălziți cuptorul la 350°F. Într-o oală cu apă clocotită cu sare, fierbeți tăițeii la foc mediu-mare, amestecând din când în când până când sunt doar al dente, aproximativ 7 minute. Scurgeți și puneți deoparte.

b) Într-o tigaie mică, încălziți uleiul la foc mediu. Adăugați ceapa și usturoiul, acoperiți și gătiți până se înmoaie, aproximativ 5 minute. Transferați amestecul de ceapă într-un blender. Adăugați tofu de mătase, laptele de soia, drojdia nutritivă, nucșoara și sare și piper după gust. Se amestecă până se omogenizează și se lasă deoparte.

**c)** Se fierbe broccoli, morcovii, dovleceii și ardeiul gras până se înmoaie. Se ia de pe foc. Se sfărâmă tofu ferm într-un castron mare. Adauga patrunjelul si 1⁄4 cana de parmezan si asezoneaza cu sare si piper dupa gust. Se amestecă până se combină bine. Se amestecă legumele fierte la abur și se amestecă bine, adăugând mai multă sare și piper, dacă este nevoie.

**d)** Pune un strat de sos alb pe fundul unui vas de copt de 9 x 13 inci ușor uns cu ulei. Acoperiți cu un strat de tăiței. Întindeți jumătate din amestecul de tofu și legume uniform peste tăiței. Repetați cu un alt strat de tăiței, urmat de un strat de sos.

**e)** Întindeți deasupra amestecul de tofu rămas și terminați cu un ultim strat de tăiței și sos, terminând cu restul de 1⁄4 cană de parmezan. Acoperiți cu folie și coaceți timp de 45 de minute.

## 28. Lasagna Tex-Mex

**Face 6 până la 8 porții**

**Ingredient**
- 12 taitei lasagna
- 3 cești gătite sau 2 conserve (15,5 uncii) de fasole pinto, scurse și clătite
- 1 lingurita oregano uscat
- 1 lingurita pudra de chili
- 1/2 linguriță de chimen măcinat
- 1 kilogram tofu ferm, scurs
- 1 cutie (4 uncii) de ardei iute verde, tocat, scurs
- 1/4 cană măsline negre tăiate felii
- 2 linguri coriandru proaspăt tocat
- Sare și piper negru proaspăt măcinat
- 4 cesti salsa de rosii, de casa

**Directii:**
a) Într-o oală cu apă clocotită cu sare, fierbeți tăițeii la foc mediu-mare, amestecând din când în când până când sunt doar al dente, aproximativ 7 minute. Scurgeți și puneți deoparte. Preîncălziți cuptorul la 375°F.

b) Într-un castron mare, combinați fasolea pinto, oregano, praf de chili și chimen. Se zdrobește bine fasolea și se încorporează condimentele. Pus deoparte. Într-un castron mare separat, combinați tofu, ardei iute, ceapa verde, măsline, coriandru și sare și piper după gust. Se amestecă bine și se lasă deoparte.

c) Întindeți 1/2 cană de salsa în fundul unui vas de copt de 9 x 13 inci. Aranjați 4 tăiței deasupra salsa. Întindeți jumătate din amestecul de fasole peste tăiței, urmat de încă 1/2 cană de salsa. Acoperiți cu 4 tăiței urmați de amestecul de tofu, întinzându-se uniform. Acoperiți cu 1 cană de salsa, urmată de amestecul de fasole rămas și acoperiți cu tăițeii rămași. Întindeți salsa rămasă deasupra.

**d)** Acoperiți cu folie și coaceți până când sunt fierbinți și clocotiți, 45 până la 50 de minute. Acoperiți și lăsați să stea 10 minute înainte de servire.

## 29. Lasagna cu fasole neagră și dovleac

**Face 6 până la 8 porții**

**Ingredient**
- 12 taitei lasagna
- 1 lingura ulei de masline
- 1 ceapa galbena medie, tocata
- 1 ardei gras rosu mediu, tocat
- 2 catei de usturoi, tocati
- 1 1/2 cani gătite sau 1 cutie (15,5 uncii) de fasole neagră, scursă și clătită
- (14,5 uncii) cutie de roșii zdrobite
- 2 lingurițe de pudră de chili
- Sare și piper negru proaspăt măcinat
- 1 kilogram tofu ferm, bine scurs
- 3 linguri patrunjel proaspat tocat sau coriandru
- 1 conserve (16 uncii) de piure de dovleac
- 3 cani de salsa de rosii

**Directii:**
a) Într-o oală cu apă clocotită cu sare, fierbeți tăițeii la foc mediu-mare, amestecând din când în când până când sunt doar al dente, aproximativ 7 minute. Scurgeți și puneți deoparte. Preîncălziți cuptorul la 375°F.

b) Într-o tigaie mare, încălziți uleiul la foc mediu. Adăugați ceapa, acoperiți și gătiți până se înmoaie. Adăugați ardeiul gras și usturoiul și gătiți până se înmoaie, încă 5 minute. Se amestecă fasolea, roșiile, 1 linguriță de pudră de chili și sare și piper negru după gust. Se amestecă bine și se lasă deoparte.

c) Într-un castron mare, combinați tofu, pătrunjelul, restul de 1 linguriță de praf de chili și sare și piper negru după gust. Pus deoparte. Într-un castron mediu, combinați dovleacul cu salsa și amestecați pentru a se amesteca bine. Se condimenteaza cu sare si piper dupa gust.

**d)** Întindeți aproximativ ¾ de cană din amestecul de dovleac în fundul unui vas de copt de 9 x 13 inci. Acoperiți cu 4 tăiței. Acoperiți cu jumătate din amestecul de fasole, urmat de jumătate din amestecul de tofu.

**e)** Acoperiți cu patru dintre tăiței, urmați de un strat de amestec de dovleac, apoi amestecul de fasole rămas, acoperit cu tăițeii rămași.

**f)** Întindeți amestecul de tofu rămas peste tăiței, urmat de amestecul de dovleac rămas, întindeți-l pe marginile tigaii.

**g)** Acoperiți cu folie și coaceți până când sunt fierbinți și clocotiți, aproximativ 50 de minute. Descoperiți, stropiți cu semințe de dovleac și lăsați să stea 10 minute înainte de servire.

## 30. Lasagna cu sos alb

**Ingredient**

**Strat de sos de roșii**
- 6 linguri ulei de măsline
- 1 ceapa, tocata sau rasa
- 1/2 lb. carne macră de vită
- 3 catei de usturoi, tocati
- conserva mica de pasta de rosii
- 6 cani de rosii taiate cubulete, pasate in piure in blender
- 2 lingurite de oregano
- 2 foi de dafin
- se asezoneaza cu sare si piper

**Strat de sos alb**
- 3 linguri de unt
- 3 linguri de faina
- 3- 1/2 cană de lapte
- 8 oz. sau 2 căni de brânză mozzarella, mărunțită
- Veți avea nevoie și de:
- 1 lb. tăiței lasagna gata pentru cuptor
- lasagna cu sos alb

**Directii**

a) Pentru a pregăti sosul de roșii, adăugați ulei într-o tigaie mare și căliți ceapa, usturoiul și carnea de vită. Gătiți până când carnea de vită nu mai este roz, scurgeți grăsimea și adăugați din nou la căldură. Adaugati rosiile, pasta de rosii, oregano, foile de dafin si asezonati cu sare si piper. Lasati sa fiarba 15-20 de minute, in timp ce pregatiti sosul alb.

b) Pentru a pregăti sosul alb, topește untul într-o cratiță. Se amestecă făina pentru a face un roux. Bateți laptele încet și lăsați să fiarbă și să se îngroașe câteva minute. Continuați să amestecați din când în când. După câteva minute adăugați brânza și amestecați până se topește. Luați focul.

c) Puneți 1/2 cană sau mai puțin de sos de roșii pe fundul unui vas de copt. Peste sos se pune taitei lasagna. Întindeți sos alb peste tăiței. Continuați să stratificați sosul de roșii, tăițeii și sosul alb până când tigaia este plină.

d) Asigurați-vă că tăițeii din partea de sus au un strat de lichid, fie de roșii, fie de sos alb. Coaceți la 350 de grade timp de 30-40 de minute sau până când tăițeii sunt fragezi.

## 31. Lasagna cu brânză de vaci

## Ingredient

### Amestecul de brânză de vaci
- 1 cană de brânză mozzarella, mărunțită
- 1 cană brânză Gruyere, mărunțită
- 2 căni de brânză de vaci
- 3/4 cană parmezan ras
- 2 linguri patrunjel
- 1 lingură condiment italian
- 1 ou, batut
- praf de sare si piper
- Rezervați niște Gruyere și mozzarella pentru topping. Într-un castron, amestecați brânzeturile, ouăle și condimentele. Se amestecă împreună.

### Ingrediente pentru lasagna
- 12 taitei lasagna intregi, gatiti conform instructiunilor de pe ambalaj
- 4 cesti spaghete sau sos de rosii

## Directii:
a) Pentru a asambla lasagna, gătiți tăiței sau folosiți tăiței gata de utilizare. Se toarnă puțin sos de spaghete pe fundul caserolei.
b) Fidea strat, amestec de brânză și sos de spaghete. Continuați să faceți straturi până când amestecul dispare. Acoperiți cu gruyere rămase și brânză mozzarella. Acoperiți lejer cu folie de aluminiu și coaceți la 350 de grade timp de 30 de minute.
c) Scoateți folia și continuați coacerea 15 minute până când brânza se rumenește.

## 32. Supa lasagna

**Ingredient**
- 1 cană apă
- 1 cutie de pastă de tomate
- 2 catei de usturoi, tocati
- 1 ardei verde, taiat cubulete mici
- 1 ceapa, tocata marunt sau rasa
- 28 oz. cutie de rosii, piure sau tocata
- 1 ½ linguriță de condimente italiene
- 2 cesti de paste, puteti gasi taitei mici lasagna numiti mafalda care sunt distractiv de folosit
- supa taitei

**Directii:**
a) Într-o oală mare sau într-o tigaie pentru supă, căleți carnea, ardeiul verde, usturoiul și ceapa până când carnea de vită este gata. Scurgeți grăsimea și reveniți în tigaie.

b) Se amestecă roșiile, pasta de tomate, apa și condimentele. Adăugați pastele și fierbeți până când pastele sunt gata.

## 33. Lasagna pepperoni

Porții: 12

**Ingredient**
- 3/4 lb. carne de vită tocată
- 1/4 linguriță piper negru măcinat
- 1/2 lb. salam, tocat
- 9 taitei lasagna
- 1/2 lb. cârnați pepperoni, tocat
- 4 C. brânză mozzarella mărunțită
- 1 ceapa, tocata
- 2 C. brânză de vaci
- 2 conserve de roșii înăbușite
- 9 felii de brânză americană albă
- 16 oz. sos de rosii
- parmezan ras
- 6 oz. pasta de tomate
- 1 lingurita praf de usturoi
- 1 lingurita oregano uscat
- 1/2 linguriță sare

**Directii**

a) Prăjiți pepperoni, carnea de vită, ceapa și salamul timp de 10 minute. Îndepărtați excesul de ulei. Introduceți totul în aragazul lent la foc mic cu niște piper, sos și pastă de roșii, sare, roșii înăbușite, oregano și pudră de usturoi timp de 2 ore.

b) Porniți cuptorul la 350 de grade înainte de a continua.

c) Fierbeți lasagna în apă cu sare până al dente timp de 10 minute, apoi îndepărtați toată apa.

d) În vasul de copt, aplicați o acoperire ușoară de sos apoi stratificați: 1/3 tăiței, 1 1/4 C. mozzarella, 2/3 C. brânză de vaci, felii de brânză americană, 4 lingurițe parmezan, 1/3 carne. Continuați până când vasul este plin.

e) Gatiti 30 de minute.

## 34. Lasagna spaniolă

Porții: 12

**Ingredient**
- 4 C. roșii tocate la conserva
- 1 recipient (32 oz.) brânză ricotta
- 1 cutie (7 oz.) de ardei iute verde tăiat cubulețe
- 4 oua, batute usor
- 1 cutie (4 oz.) de ardei jalapeno tăiați cubulețe
- 1 pachet (16 oz.) în stil mexican mărunțit patru 1 ceapă, tăiată cubulețe
- amestec de brânză
- 3 catei de usturoi, tocati
- 1 pachet (8 oz.) taitei lasagna fara gatit
- 10 crengute de coriandru proaspat, tocat
- 2 linguri chimen macinat
- 2 lbs. cârnați chorizo

**Directii:**

a) Fierbeți următoarele timp de 2 minute, apoi fierbeți la foc mic timp de 55 de minute: coriandru, roșii, chimen, ardei iute verde, usturoi, ceapă și jalapenos.

b) Luați un castron, amestecați: ouă bătute și ricotta.

c) Setați cuptorul la 350 de grade înainte de a continua.

d) Prăjiți-vă chorizo-urile. Apoi îndepărtați excesul de ulei și fărâmițați carnea.

e) În vasul de copt, aplicați o acoperire ușoară de sos, apoi stratificați: cârnați, 1/2 din sos, 1/2 brânză mărunțită, tăiței lasagna, ricotta, mai mulți tăiței, tot sosul rămas și mai multă brânză mărunțită.

f) Ungeți o folie cu spray antiaderent și acoperiți lasagna. Gatiti 30 de minute acoperit si 15 minute fara capac.

## 35. **Busuioc Rigatoni Vegan**

Porții: 6

**Ingredient**
- 1 1/2 (8 oz) pachete de paste rigatoni
- 6 frunze de busuioc proaspat, feliate subtiri
- 2 linguri ulei de masline
- 6 fire de coriandru proaspăt, tocat
- 2 catei de usturoi, tocati
- 1/4 C. ulei de măsline
- 1/2 (16 oz.) pachet de tofu, scurs și
- cuburi
- 1/2 linguriță de cimbru uscat
- 1 1/2 linguriță sos de soia
- 1 ceapă mică, tăiată subțire
- 1 roșie mare, tăiată cubulețe
- 1 morcov, tocat

**Directii:**
a) Gatiti pastele conform instructiunilor de pe ambalaj.
b) Pune o tigaie mare la foc mediu. Încinge în ea 2 linguri de ulei de măsline. Adăugați usturoiul și gătiți-l 1 min 30 sec.
c) Se amestecă cimbru cu tofu. Gătiți-le timp de 9 minute. Se amestecă sosul de soia și se stinge focul.
d) Obțineți un castron mare: aruncați în el rigatoni, amestecul de tofu, ceapa, roșiile, morcovul, busuioc și coriandru. Stropiți cu ulei de măsline peste salata de paste apoi serviți-o.

## 36. Lasagna clasică

Porții: 8

**Ingrediente**
- 1 1/2 lb. carne de vită ușoară
- 2 ouă, bătute
- 1 ceapă, tăiată cubulețe
- 1 litru de brânză ricotta parțial degresată
- 2 catei de usturoi, tocati
- 1/2 C. parmezan ras
- 1 linguriță busuioc proaspăt tăiat cubulețe
- 2 linguri patrunjel uscat
- 1 lingurita oregano uscat
- 1 lingurita sare
- 2 linguri de zahar brun
- 1 lb. brânză mozzarella, mărunțită
- 1 1/2 linguriță sare
- 2 linguri de parmezan ras
- 1 cutie (29 oz) de roșii tăiate cubulețe
- 2 conserve (6 oz.) de pastă de tomate
- 12 taitei lasagna uscati

**Directii:**
a) Se prăjește usturoiul, ceapa și carnea de vită timp de 3 minute, apoi se combină în: pasta de roșii, busuioc, roșii tăiate cubulețe, oregano, 1,5 lingurițe de sare și zahăr brun.
b) Acum setați cuptorul la 375 de grade înainte de a face orice altceva.
c) Începeți să fierbeți pastele în apă și sare timp de 9 minute, apoi îndepărtați toate lichidele.
d) Luați un castron, combinați: 1 linguriță sare, ouă, pătrunjel, ricotta și parmezan.

e) Puneți o treime din paste într-o tavă și acoperiți totul cu jumătate din amestecul de brânză, o treime din sos și 1/2 din mozzarella.

f) Continuați să stratificați în acest fel până când toate ingredientele au fost epuizate.

g) Apoi acoperiți totul cu mai mult parmezan.

h) Gatiti lasagna la cuptor timp de 35 de minute.

i) Bucurați-vă.

## 37. Lasagna de tripe cu paste integrale de grau

FACE 8 PÂNĂ 10 PORȚII

**Ingredient**
- 1¼ de lire (567 g) tripață de fagure
- ¼ cană (60 ml) ulei de măsline
- ½ cană (84 g) ceapă galbenă tocată mărunt
- ½ cană (51 g) țelină tocată mărunt
- ½ cană (70 g) morcov decojit și tocat mărunt
- 3 roșii San Marzano întregi mari la conserva
- 4 cesti (946 ml) lapte integral
- 1½ cani (150 g) parmezan ras
- Sare kosher și piper negru proaspăt măcinat
- 1¾ lire (794 g)Ou întreg și aluat de grâu integral, rulat în foi de puțin mai puțin de ⅛ inch (3 mm) grosime
- 4 căni (946 ml)beșamel, încălzit

**Directii:**

a) Pentru a găti tripa, aduceți la fiert o oală mare cu apă cu sare. Adăugați tripa și fierbeți, neacoperit, la un fierbere constant timp de 1 oră și jumătate. Se ia oala de pe foc si se lasa tripaia sa se raceasca in lichid. Când trippa este suficient de rece pentru a fi manipulată, scoateți-o din lichid și tăiați-o în bucăți de ½ inch (12 mm) lățime. Aruncați lichidul și lăsați tripața deoparte.

b) Încinge uleiul într-o cratiță mare la foc mediu. Adăugați ceapa, țelina și morcovul și transpirați legumele până când sunt fragede, dar nu se rumenesc, 4 până la 6 minute.

c) Adăugați roșiile, zdrobindu-le cu mâna pe măsură ce le adăugați în tigaie. Gătiți amestecul până când roșiile încep să se descompună, 6 până la 8 minute.

d) Se toarnă laptele, se ridică focul la mare și se aduce amestecul la fierbere. Adăugați tripața, reduceți focul la mic, acoperiți și fierbeți tripața, amestecând din când în când, până se înmoaie și lichidul își reduce puțin volumul, aproximativ 2 ore.

e) Când amestecul este gata, trebuie să aibă consistența unui ragù. În acel moment, scoateți tigaia de pe foc și adăugați ½ cană (50 g) de parmezan. Gustați ragù, adăugând sare și piper până când vă este bun. Se lasa sa se raceasca pana se incalzeste si se ingroasa usor.

f) Între timp, așezați o foaie de paste pe o suprafață de lucru ușor făinată și tăiați marginile pătrate. Le vei tăia pentru o tigaie de 13 pe 9 inchi (33 pe 23 cm). Dacă aveți o tigaie de dimensiuni diferite, tăiați pastele pentru a se potrivi în tigaie.

g) Tăiați prima foaie de paste într-o bucată de aproximativ 30 inchi (76 cm) lungime și 3½ până la 4 inchi (7,5 până la 10 cm) inci lățime.

h) Tăiați oa doua foaie de paste la aceleași dimensiuni, 30 inchi (76 cm) lungime și 3½ până la 4 inchi (7,5 până la 10 cm) lățime. Tăiați foile rămase în bucăți de aproximativ 14 inchi (35,5 cm) lungime și 4 inchi (10 cm) lățime. Ar trebui să aveți 6 bucăți în total. Pe măsură ce lucrați, pulverizați ușor pastele cu apă și acoperiți cu prosoape curate de bucătărie pentru a nu se usca.

i) Pregătiți un castron mare de apă cu gheață. Aduceți o oală mare cu apă cu sare la fiert. Lucrând în loturi pentru a preveni aglomerarea, introduceți pastele și acoperiți oala pentru a readuce rapid apa la fierbere. Albește pastele timp de 30 de secunde. Folosind clești sau o strecurătoare de păianjen, transferați fiecare bucată în apă cu gheață timp de aproximativ 30 de secunde pentru a opri gătirea, apoi așezați bucățile pe prosoape de bucătărie și uscați-le.

j) Încinge cuptorul la 375 ° F (190 ° C). Ungeți generos cu unt o tavă de copt de 13 pe 9 inchi (33 pe 23 cm). Aranjați cele două lungimi de paste de 30 inchi (76 cm) pe lungime și una lângă alta în vasul de copt pregătit, lăsând lungimea suplimentară să atârne peste o margine a vasului. Peste paste se pune aproximativ un sfert (aproximativ 1 cană/237 ml) de ragù, apoi se pune aproximativ aceeași cantitate de bechamel peste ragù.

k)  Se presară cu ¼ de cană (25 g) de parmezan. Acoperiți cu un strat de două paste lungi de 14 inchi (35,5 cm), urmate de un strat de ragù, un strat de bechamel și un strat de parmezan în aceleași cantități ca primele straturi. Repetați cu un alt strat de paste lungi de 14 inchi (35,5 cm), ragù, bechamel și parmezan.

l)  Îndoiți pastele peste deasupra și puneți capetele acestor lungimi peste celelalte capete în vas pentru a sigila lasagna ca un pachet. Acoperiți cu un strat final de ragù, bechamel și parmezan, din nou în aceleași cantități ca primele straturi.

m)  Coaceți lasagna până devine maro auriu deasupra, 45 de minute până la 1 oră. Scoateți-l din cuptor și lăsați-l să stea timp de 15 până la 20 de minute, apoi tăiați-l în pătrate sau dreptunghiuri.

## 38. Lasagna clasică

Porții: 12

**Ingredient**
- 1 lb. cârnați italian dulce
- 1 lingura sare
- 3/4 lb. carne macră de vită
- 1/4 linguriță piper negru măcinat
- 1/2 C. ceapa tocata
- 4 linguri patrunjel proaspat taiat cubulete
- 2 catei de usturoi, macinati
- 12 taitei lasagna
- 1 cutie (28 oz) de roșii zdrobite
- 16 oz. brânză ricotta
- 2 conserve (6 oz.) de pastă de tomate
- 1 ou
- 2 conserve de sos de roșii (6,5 oz).
- 1/2 linguriță sare
- 1/2 C. apă
- 3/4 lb. brânză mozzarella, feliată
- 2 linguri de zahăr alb
- 3/4 C. parmezan ras
- 1 1/2 linguriță frunze de busuioc uscat
- 1/2 linguriță de semințe de fenicul
- 1 lingurita condimente italiene

**Directii:**

a) Se prăjește usturoiul, cârnații, ceapa și carnea de vită până când carnea este complet gata. Apoi adăugați: 2

b) Linguri patrunjel, rosii zdrobite, ardei, pasta de rosii, 1 lingura sare, sos de rosii, condiment italian, apa, seminte de fenicul, zahar si busuioc.

c) Aduceți amestecul să fiarbă, setați focul la mic și lăsați conținutul să fiarbă ușor timp de 90 de minute. Amestecați amestecul de cel puțin 4 ori.

d) Acum puneți pastele la fiert în apă și sare timp de 9 minute, apoi îndepărtați lichidele.

e) Luați un castron, combinați: 1/2 linguriță sare, ricotta, restul de pătrunjel și ouăle.

f) Setați cuptorul la 375 de grade înainte de a face orice altceva.

g) Ungeți fundul unei caserole cu 1,5 C. din amestecul de carne și roșii apoi puneți deasupra șase bucăți de lasagna.

h) Adăugați jumătate din amestecul de brânză, apoi 1/3 din mozzarella.

i) Se adauga din nou 1,5 C. de mix de carne de rosii si un sfert de C. de parmezan.

j) Continuați să stratificați în acest fel până când toate ingredientele au fost epuizate.

k) Încercați să terminați cu mozzarella și parmezan.

l) Luați o bucată mare de folie și ungeți-o cu spray antiaderent, apoi acoperiți vasul cu folie și gătiți totul la cuptor timp de 30 de minute.

m) Acum scoateți folia și continuați să gătiți lasagna încă 20 de minute.

## 39. Lasagna cu ciuperci și spanac

**Produce:** 8 portii

**Ingrediente:**
- 16 uncii de brânză ricotta, întreagă
- ¼ cană de busuioc, proaspăt și tocat
- 1 ou, mare
- 8 uncii de amestec de brânză italiană, mărunțit
- 2 uncii de parmezan
- Un strop de sare si piper negru
- 3 linguri. de ulei de masline, extra virgin
- 12 uncii de ciuperci shiitake
- 1 ceapă dulce, feliată subțire
- 1 ardei gras rosu, feliat subtire
- 5 uncii de spanac, baby și proaspăt
- 2 catei de usturoi
- Cutie de 1, 8 uncii de roșii, prăjite la foc și tăiate cubulețe
- 12 taitei lasagna, fara coacere
- 10 uncii de sos Alfredo, ușor

**Directii:**
a) În primul rând, încălziți cuptorul la 400 de grade.
b) În timp ce cuptorul se încălzește, folosiți un castron mare și adăugați toată brânză ricotta, busuioc tocat, ou mare, 1 cană de amestec de brânză italiană și ¼ de cană de parmezan. Se amestecă bine și se condimentează cu un strop de sare și piper negru.
c) Pune o tigaie mare la foc mediu spre mare. Adăugați 1 lingură de ulei de măsline. După ce uleiul este suficient de fierbinte, adăugați ciupercile. Gătiți timp de 5 până la 7 minute sau până când maro deschis.
d) Adăugați încă o lingură de ulei de măsline în tigaie. Odată ce uleiul este suficient de fierbinte, adăugați ceapa tăiată felii și

ardeiul gras feliat. Gatiti 4-6 minute sau pana se inmoaie. Transferați într-un castron mare.

e) In castron adaugam ciupercile si rosiile. Se amestecă bine și se condimentează cu un strop de sare și piper negru.

f) Ștergeți tigaia și adăugați uleiul de măsline rămas. Puneți 4 tăiței lasagna în fundul tigaii. Completați cu 1/3 din amestecul de legume.

g) Întindeți amestecul de ricotta deasupra și turnați deasupra sosul Alfredo. Repetați acest strat de încă două ori. Completați cu amestecul de brânză italiană rămas și parmezan rămas.

h) Se da la cuptor pentru 30 de minute sau pana se rumeneste. Scoateți și serviți cu o stropire de busuioc tăiat felii.

## 40. Lasagna de roșii cu tapenadă de măsline

**Produce:** 6 porții

**Ingrediente:**
- 4 linguri. de unt nesarat
- 2 ceapa Vidalia, mare si feliata subtire
- Un strop de sare si piper negru
- 1 ½ linguriță. de zahăr alb
- 12 taitei lasagna
- 3 linguri. de ulei de masline, extra virgin
- 6 linguri. de tapenada de masline, neagra
- 2 roșii, friptură de vită
- 2 crengute de rozmarin, proaspete
- 8 uncii de brânză mozzarella, mărunțită
- 1 bagheta, franceza

**Directii:**

a) Pune o tigaie medie la foc mic spre mediu. Adăugați 2 linguri de unt și odată ce untul este topit adăugați ceapa tăiată felii și un strop de sare. Gatiti 10 minute sau pana ce ceapa se rumeneste.

b) Adăugați zahărul alb și măriți focul la mediu. Gatiti 5 minute sau pana cand ceapa incepe sa se rumeneasca.

c) Apoi adăugați 3 linguri de apă și deglazează tigaia. Continuați să gătiți timp de 5 până la 8 minute sau până când ceapa este bine caramelizată. Pus deoparte.

d) În acest timp, puneți o oală mare umplută cu apă cu sare la foc mediu spre mare. Aduceți apa la fiert și adăugați tăițeii lasagna. Gatiti timp de 8 pana la 10 minute sau pana cand taiteii lasagna sunt moi. Scurgeți și puneți înapoi în oală. Stropiți 1 lingură de ulei de măsline deasupra tăițeilor.

e) Apoi încălziți cuptorul la 350 de grade. În timp ce cuptorul se încălzește, ungeți o tavă mare de copt cu ulei de măsline.

f) Puneți 3 tăiței în fundul vasului de copt. Întindeți peste tăiței 2 linguri de tapenadă. Apoi, adăugați 1/3 din roșii, 1 linguriță de rozmarin, strop de piper negru, 1/3 din ceapa caramelizată și ½ cană de brânză mozzarella. Repetați cu încă două straturi și așezați încă 3 tăiței lasagna deasupra. Stropiți deasupra uleiul de măsline rămas.

g) Acoperiți tava de copt cu o foaie de folie de aluminiu. Pune la cuptor pentru a coace timp de 50 de minute sau până când este complet fiert.

h) Rupeți bagheta în pesmet mare.

i) Apoi, puneți o tigaie mare la foc mediu. Adăugați untul rămas și odată ce untul este topit adăugați pesmetul. Se amestecă pentru a se acoperi și se gătește timp de 5 până la 10 minute sau până când este ușor prăjită.

j) Scoateți lasagna din cuptor și completați cu pesmet și brânză mozzarella rămasă. Se pune din nou la cuptor pentru a coace timp de 5 minute sau până când brânza este complet topită.

k) Scoateți din cuptor și lăsați să se odihnească timp de 10 minute înainte de servire.

## 41. Lasagna cu anghinare si spanac

**Produce:** 8 portii

**Ingrediente:**
- Niște spray de gătit
- 9 taitei lasagna, nefierti
- 1 ceapa, tocata
- 4 catei de usturoi, tocati
- 1, 14,5 uncii de bulion de legume
- 1 lingura. de rozmarin, proaspăt și tocat grosier
- 1, 14 uncii cutie de inimioare de anghinare, scurse și tocate
- 1 pachet de spanac de 10 uncii, congelat, dezghețat, tocat și scurs
- 1 borcan de 28 uncii de sos de roșii
- 3 căni de brânză mozzarella, mărunțită și împărțită uniform
- Pachet de 1, 4 uncii de brânză feta, ierburi și usturoi și mărunțit

**Directii:**

a) În primul rand, încălziți cuptorul la 350 de grade. În timp ce cuptorul se încălzește, pulverizați o tavă mare de copt cu spray de gătit.

b) Pune o oală mare umplută cu apă cu sare la foc mare. Odată ce apa începe să fiarbă, adăugați tăițeii. Gatiti 8-10 minute sau pana se inmoaie. Scurge pastele și pune deoparte.

c) Pune o tigaie mare la foc mediu spre mare. Pulverizați cu spray de gătit și, odată ce tigaia este suficient de fierbinte, adăugați ceapa și usturoiul. Gatiti 3 minute sau pana ce ceapa este frageda.

d) Adăugați în conserva cu bulion de legume și rozmarin proaspăt. Se amestecă pentru a se amesteca și se aduce acest amestec la fierbere. Adăugați inimioarele de anghinare și spanacul scurs.

e) Reduceți focul la mic și acoperiți. Gatiti 5 minute inainte de a adauga sosul de paste.

f) Întindeți ¼ din amestecul de anghinare în fundul vasului de copt. Completați acest amestec cu 3 tăiței lasagna fierți. Presărați ¾ de cană de brânză mozzarella peste tăiței. Repetați aceste straturi încă de două ori, asigurându-vă că se încheie cu anghinare și brânză mozzarella. Completați cu brânză feta mărunțită.

g) Se da la cuptor pentru 40 de minute in timp ce este acoperit cu o foaie de folie de aluminiu. Scoateți foaia de folia de aluminiu și continuați să coaceți încă 15 minute.

h) Scoateți și lăsați să stea timp de 10 minute înainte de servire.

## 42. Creveți cu usturoi Alfredo Coace

**Produce:** 4 portii

**Ingrediente:**
- 10 uncii de penne
- 3 linguri. de unt
- 3 catei de usturoi, tocati
- 1 kg de creveți, curățați și devenați
- 3 linguri. de patrunjel, proaspat si tocat grosier
- 2 linguri. de făină universală
- ¾ cană de lapte, întreg
- ¼ de cană de supă de pui, cu conținut scăzut de sodiu
- 1 cană de brânză mozzarella, măruntită
- ¼ cană + 2 linguri. de parmezan, tocat
- Un strop de piper negru și sare
- 2 rosii, mari si tocate

**Directii:**

a) Încinge cuptorul la 350 de grade.

b) În timp ce cuptorul se încălzește, puneți la foc mare o oală mare cu apă asezonată cu sare. Se aduce la fierbere. După ce apa fierbe, adăugați penne și gătiți timp de 8 până la 10 minute sau până când se înmoaie. Odată ce se înmoaie, scurgeți pastele și puneți-le deoparte.

c) Pune o tigaie mare la foc mediu. Adăugați o lingură de unt. Odată ce untul este topit, adăugați usturoiul tocat, creveții decojiți și pătrunjelul tocat. Asezonați cu un strop de sare și gătiți timp de 2 minute pe fiecare parte sau până când vedeți că sunt roz. Scoateți și transferați creveții pe o farfurie mare.

d) Adăugați untul rămas în tigaie. După ce s-a topit, adăugați făina și amestecați până la omogenizare. Gatiti 1-2 minute sau pana devine auriu.

e) Adăugați laptele integral și bulionul de pui cu conținut scăzut de sodiu. Se amestecă pentru a se amesteca și se aduce acest amestec la fiert. Adăugați ¾ de cană de brânză mozzarella mărunțită și ¼ de cană de parmezan mărunțit. Amestecați bine și continuați să gătiți până la o consistență cremoasă. Se condimentează cu un strop de sare și piper negru.

f) Adăugați din nou creveții în tigaie împreună cu roșiile și penne fierte. Se amestecă pentru a amesteca. Adăugați mai mult lapte dacă sosul este prea gros.

g) Turnați amestecul de paste într-o tavă mare de copt. Deasupra presara restul de mozzarella si parmezan.

h) Puneți la cuptor pentru a coace timp de 5 până la 7 minute sau până când brânza este complet topită.

i) Puneți cuptorul la grătar și prăjiți vasul timp de 3 minute sau până când blatul devine auriu.

j) Se scoate si se serveste imediat cu o garnitura de patrunjel tocat.

## 43. Coji de paste umplute caprese

**Produce:** 4 portii

**Ingrediente:**
- 15 cochilii jumbo
- 2 căni de brânză ricotta
- 1 cană de brânză mozzarella, măruntită
- ¾ de cană de roșii uscate la soare, ulei de măsline împachetate, tocate și împărțite uniform
- 2 linguri. de busuioc, proaspăt și tocat
- Un strop de sare si piper negru
- ½ cană de supă de pui, cu conținut scăzut de sodiu
- ½ cană de smântână groasă

**Directii:**

a) Încinge cuptorul la 350 de grade.

b) În timp ce cuptorul se încălzește, puneți o oală mare de supă cu apă cu sare la foc mare. Se aduce la fierbere. Odată ce apa începe să fiarbă, adăugați cojile de paste. Gatiti conform instructiunilor de pe ambalaj pana se inmoaie. Se scurge si se da deoparte la racit.

c) Folosiți un castron mare și adăugați brânză ricotta, brânză mozzarella măruntită, busuioc tocat și jumătate din roșii. Se condimentează cu un strop de sare și piper negru. Se amestecă bine pentru a se amesteca.

d) Apoi folosiți o tigaie mică, pusă la foc mic, pentru a adăuga bulionul de pui, smântâna și roșiile rămase. Aduceți acest amestec la foc mic și fierbeți timp de 5 minute.

e) Turnați sosul într-o tavă mare de copt.

f) Turnați amestecul de brânză ricotta în coji și adăugați-l în tava de copt. Peste scoici se pune puțin sos.

g) Se da la cuptor pentru 20 de minute sau pana cand branza se topeste. Scoateți și serviți imediat.

## 44. Bucatini cu pesto si cartofi dulci

**Produce:** 4 portii

**Ingrediente:**
- 1 cartof dulce, curatat de coaja si taiat cubulete
- 1 ceapă roșie, tăiată felii mici
- 1/3 cană + 2 linguri. de ulei de măsline, împărțit uniform
- Un strop de sare si piper negru
- 4 căni de kale, proaspătă și ruptă
- ½ cană de pătrunjel, frunză plată și proaspătă
- 2 uncii de brânză parmezan, proaspăt rasă și în plus pentru servire
- 1 catel de usturoi
- 2 lingurite. de coaja de lamaie
- 1 ½ linguriță. de suc de lamaie, proaspat
- 12 uncii de bucatini
- Nuci de pin, usor prajite si pentru servire

**Directii:**

a) În primul rând, încălziți cuptorul la 425 de grade.

b) În timp ce cuptorul se încălzește, folosiți o foaie mare de copt și adăugați cartofii tăiați cubulețe, felii de ceapă și cele două linguri de ulei de măsline. Se amestecă pentru a amesteca. Se condimentează cu un strop de sare și piper negru.

c) Puneți la cuptor pentru a coace timp de 24 până la 26 de minute sau până când cartofii și felii de ceapă sunt moi.

d) În acest timp puneți varza și pătrunjelul tocat într-un robot de bucătărie. Pulsati de 5 ori sau pana se toaca. Apoi adăugați parmezanul, cățelul de usturoi, coaja proaspătă de lămâie și zeama proaspătă de lămâie. Pulsați din nou încă de 12 ori.

e) Stropiți încet restul de 1/3 cană de ulei de măsline în amestec și continuați să pulsați. Se condimentează cu un strop de sare și piper negru.

f) Apoi, fierbeți pastele în apă clocotită până când se înmoaie. Odată fierte, scurgeți pastele și puneți-le deoparte. Asigurați-vă că rezervați ¼ de cană de apă pentru paste.

g) Adaugă pastele fierte, pesto proaspăt făcut și legumele prăjite într-un castron mare. Se amestecă pentru a amesteca. Se toarnă apa pentru paste și se amestecă din nou.

h) Serviți imediat cu un topping de parmezan și nuci de pin prăjite.

## 45. Pui de bivoliță Alfredo Bake

**Produce:** 6 porții
**Timp total de pregătire:** 55 de minute
**Ingrediente:**
- ¼ cană de sos de bivoliță
- 2 căni de pui la rotisor, tăiate cubulețe
- 15 uncii de sos Alfredo
- 8 uncii de brânză mozzarella, mărunțită
- 16 uncii de paste cu coajă, fierte

**Directii:**

a) În primul rând, încălziți cuptorul la 350 de grade.

b) În timp ce cuptorul se încălzește, folosiți un castron mic și adăugați sosul de bivoliță și puiul tăiat cubulețe. Se amestecă bine pentru a se amesteca și se pune deoparte.

c) Folosind un castron mediu separat, adaugă sosul Alfredo, paste de coajă fierte și 3 uncii de brânză mozzarella. Se amestecă bine pentru a se amesteca și se pune deoparte.

d) Pune jumătate din amestecul de paste într-o tavă mare de copt. Completați cu amestecul de pui și acoperiți cu amestecul de paste rămas. Presarati branza mozzarella ramasa deasupra.

e) Acoperiți cu o foaie de folie de aluminiu. Se da la cuptor pentru 30 de minute.

f) După acest timp, îndepărtați folia de aluminiu și continuați să coaceți încă 5 până la 10 minute sau până când brânza este topită și clocotită.

g) Scoateți din cuptor și lăsați să se odihnească timp de 5 minute înainte de servire.

## 46. Queso Mac și brânză

**Produce:** 8 portii
**Ingrediente:**
- 1 kilogram de macaroane cot
- Un strop de sare si piper negru
- 12 uncii de brânză americană, albă
- 8 uncii de brânză cheddar, foarte tăioasă
- 6 linguri. de unt nesarat
- 6 linguri. de făină universală
- 4 căni de lapte, întreg
- 2, 8 uncii cutii de roșii și ardei iute verzi, tăiate cubulețe
- 1, 8 uncii cutie de ardei iute verzi, blând
- ½ cană de frunze de coriandru, proaspete și mărunțite grosier
- 1 cană de chipsuri tortilla, zdrobite
- ½ linguriță. de pudră de chili

**Directii:**

a) În primul rând, încălziți cuptorul la 425 de grade.

b) În timp ce cuptorul se încălzește, fierbeți pastele într-o oală cu apă conform instrucțiunilor de pe ambalaj. Odată ce pastele sunt fierte, se scurg și se lasă deoparte.

c) Într-un castron mediu, adăugați brânză americană și brânză cheddar. Se amestecă bine pentru a se amesteca.

d) Puneți un cuptor olandez mare la foc mediu. Adaugati untul nesarat. Odată ce untul este topit, adăugați făina. Bateți până la omogenizare și gătiți timp de 1 minut. Adăugați laptele și amestecați pentru a se amesteca. Continuați să gătiți timp de 8 minute sau până când capătă o consistență groasă.

e) Adăugați roșiile conservate și ardei iute. Gatiti 2 minute inainte de a se lua de pe foc.

f) Adăugați 4 căni de amestec de brânză și amestecați bine până la o consistență omogenă.

g) Adăugați pastele fierte și coriandru. Se amestecă bine pentru a se amesteca și se condimentează cu un strop de sare și piper negru.

h) Transferați acest amestec într-o tavă mare unsă cu unt.

i) Adaugă chipsurile tortilla, chili pudră și ceașca rămasă de brânză într-un castron mic. Se amestecă bine pentru a se amesteca și se presară deasupra pastelor.

j) Se da la cuptor pentru 12 până la 15 minute.

k) Scoateți și serviți cu o garnitură de coriandru.

## 47. Papioane cremoase pesto de pui și broccoli

**Produce:** 4 portii

**Ingrediente:**
- 2 cesti de broccoli, taiate buchetele
- Un strop de sare si piper negru
- 1 legatura de busuioc, proaspat si tocat grosier
- 2 catei de usturoi
- ¼ cană de ulei de măsline, extra virgin
- 2 lingurite. de coaja de lamaie, proaspata
- 3 uncii de parmezan, proaspăt ras
- 4 uncii de mascarpone
- 2 căni de pui la rotisor, mărunțit
- 1/3 cană de nuci pecan, prăjite și tocate
- ½ kilogram de farfalle
- ¼ lingurite. din fulgi de ardei roșu, zdrobiți

**Directii:**
a) Mai întâi, gătiți broccoli în apă cu sare într-o oală mare pusă la foc mediu. Gatiti 5 minute sau pana se inmoaie. Transferați într-un castron mare.

b) Adăugați pastele lângă apă și gătiți conform instrucțiunilor de pe ambalaj. Odată ce pastele sunt fierte, scurgeți pastele și puneți-le deoparte.

c) Folositi un robot de bucatarie si adaugati busuiocul tocat, cateii de usturoi, fulgii de ardei rosu macinati si parmezanul. Apăsați pe cea mai mare setare până când se toacă. Apoi adăugați broccoli și pulsați de 4 până la 6 ori până se toacă grosier. Se condimentează cu un strop de sare și piper negru.

d) Adăugați pesto într-un castron mare împreună cu mascarpone. Adăugați pastele fierte și amestecați pentru a se acoperi. Adăugați puiul și amestecați ușor pentru a se încorpora.

e) Serviți imediat.

## 48. Spaghete cu ceapa rosie si bacon

**Produce:** 6 porții

**Ingrediente:**
- Un strop de sare si piper negru
- 1 kilogram de spaghete
- 1 ¼ de kilogram de bacon, tăiat gros
- 1 ceapă roșie, medie și feliată subțire
- 1, 8 uncii cutie de roșii, întregi și decojite
- .13 lingurite. din fulgi de ardei roșu, zdrobiți
- 1 ½ uncie de Pecorino Romano

**Directii:**

a) Umpleți o oală mare cu apă cu sare. Puneți la foc mediu și aduceți apa la fiert. După ce au fiert, adăugați spaghetele și gătiți timp de 8 până la 10 minute sau până se înmoaie. Odată fierte, se scurg și se lasă deoparte.

b) Pune o tigaie mare la foc mediu. Adăugați slănina și gătiți timp de 5 minute sau până când se înmoaie.

c) Apoi, adăugați ceapa roșie feliată și continuați să gătiți timp de 10 minute sau până când ceapa devine translucidă.

d) Adăugați roșiile din conserva și fulgii de ardei roșu zdrobiți. Amestecați bine pentru a se amesteca și continuați să gătiți timp de 8 minute sau până când sosul scade.

e) Adăugați pastele și ¼ de cană de apă pentru paste în tigaie. Se amestecă bine pentru a amesteca.

f) Se condimentează cu un strop de sare și piper. Serviți cu o stropire de Pecorino Romano.

## 49. Paste cu cârnați și broccoli Rabe

**Produce:** 6 porții

**Ingrediente:**
- 12 uncii de cârnați de pui italian
- 2 linguri. de ulei de masline, extra virgin
- 1 buchet de broccoli rabe
- ½ kilogram de paste cavatelli
- 4 catei de usturoi

**Directii:**

a) Puneți cârnații de pui și ½ cană de apă într-o tigaie mare. Pune tigaia la foc mic spre mediu. Acoperiți și lăsați să fiarbă 10 minute. După acest timp scurgeți cârnații. Tăiați cârnații în felii de 1/3 inch.

b) Folosind aceeași tigaie, adăugați ulei de măsline și puneți la foc mediu spre mare. Adăugați cârnații de pui și gătiți timp de 6 minute sau până când se rumenesc. Scoateți și puneți cârnații pe o farfurie mare.

c) Pune o oală mare cu apă asezonată cu sare la foc mediu. Adăugați broccoli rabe și gătiți timp de 1 până la 2 minute sau până când frunzele se ofilesc ușor. Transferați broccoli într-o strecurătoare mare și scurgeți.

d) Adăugați cavatelli în oală și gătiți conform instrucțiunilor de pe ambalaj.

e) Folosind aceeași tigaie pusă la foc mediu spre mare, adăugați broccoli și usturoiul. Gatiti 4 minute sau pana cand broccoli este moale. Adăugați cârnații și reduceți focul la mic.

f) Strecurați cavatelli fierți și păstrați ½ cană de apă pentru paste. Adăugați apa în tigaie și pastele. Deglazează tigaia și amestecă pentru a se amesteca.

g) Se ia de pe foc si se serveste imediat.

## 50. Macaroane și brânză gruyere

**Produce:** 8 portii

**Ingrediente:**
- 1 kilogram de macaroane cot
- 3 căni de brânză gruyere, rasă
- 3 căni de jumătate și jumătate
- 4 gălbenușuri de ou, mari
- 3 linguri. de unt nesarat
- Strop de sare

**Directii:**

a) În primul rând, încălziți cuptorul la 325 de grade.

b) În timp ce cuptorul se încălzește, puneți o oală mare cu apă cu sare la foc mediu spre mare. Aduceți apa la fiert. După ce apa fierbe, adăugați macaroanele. Gatiti conform instructiunilor de pe ambalaj. Odată fierte, scurgeți macaroanele și clătiți sub jet de apă. Scurgeți și puneți într-un castron mare.

c) Adăugați 2 și 2/3 căni de brânză Gruyere în castronul cu macaroanele fierte. Se amestecă pentru a amesteca.

d) Folosiți un castron mic și adăugați jumătate și jumătate, gălbenușuri mari și 3 linguri de unt topit. Se amestecă bine pentru a se amesteca și se toarnă acest amestec peste pastele fierte.

e) Transferați acest amestec într-o tavă mare de copt. Acoperiți cu o foaie de folie de aluminiu.

f) Se da la cuptor pentru 30 de minute. După acest timp scoateți vasul de macaroane din cuptor. Presărați gruyere rămas deasupra.

g) Se pune din nou la cuptor pentru a coace timp de 20 până la 25 de minute sau până când blatul devine auriu. Scoateți și serviți imediat.

## 51. Spaghete din grâu integral cu roșii cherry

**Produce:** 6 porții

**Ingrediente:**
- 2 litri de rosii, cherry
- strop de sare si piper negru
- 1 crenguță frunze de cimbru, proaspătă
- ½ cană de ulei de măsline, extra virgin
- 1 lingurita. de ulei de masline, extra virgin
- 1 kilogram de spaghete, grâu integral
- 1/3 cana de patrunjel, proaspat si tocat grosier
- 6 linguri. de brânză ricotta

**Directii:**

a) În primul rând, încălziți cuptorul la 325 de grade.

b) În timp ce cuptorul se încălzește, puneți roșiile pe o tavă mare. Se condimentează cu un strop de sare și un strop de frunze de cimbru. Stropiți deasupra ¼ de cană de ulei de măsline.

c) Puneți la cuptor pentru a se prăji timp de 20 până la 25 de minute sau până când se înmoaie.

d) Pune o oală mare cu apă cu sare la foc mediu. Aduceți apa la fiert. După ce fierbe, adăugați spaghetele. Gatiti 8-10 minute sau pana se inmoaie. Scurgeți și puneți într-un castron mare.

e) Adăugați pătrunjelul tocat, ¼ de cană de ulei de măsline și roșiile prăjite în bolul cu spaghetele fierte. Se condimentează cu un strop de sare și piper negru. Se amestecă pentru a amesteca.

f) Serviți imediat cu 1 lingură de brânză ricotta și o linguriță de ulei de măsline stropite deasupra.

## 52. Fettuccine Alfredo

**Produce:** 6 porții

**Ingrediente:**
- 24 uncii de paste fettuccini, uscate
- 1 cană de unt
- ¾ de litru de smântână groasă
- Un strop de sare si piper negru
- Un strop de sare de usturoi
- ¾ cană de brânză Romano, rasă
- ½ cană de parmezan, ras

**Directii:**

a) Umpleți o oală mare cu apă cu sare. Puneți la foc mediu spre mare și aduceți apa la fiert. După ce apa fierbe, adăugați pastele fettuccini și gătiți timp de 8 până la 10 minute sau până când se înmoaie. Odată ce se înmoaie, scurgeți pastele și puneți-le deoparte.

b) Apoi folosiți o cratiță mare și puneți-o la foc mic. Adăugați untul. Odată ce untul este topit, adăugați smântâna groasă.

c) Asezonați sosul cu un strop de sare și piper negru. Se condimentează cu un strop de sare de usturoi.

d) Adăugați brânza Romano și parmezan. Se amestecă până când brânza este topită și densă în consistență.

e) Adăugați pastele în sos și amestecați pentru a se acoperi.

f) Se ia de pe foc si se serveste imediat.

## 53. Macaroane și brânză cu pui

**Produce:** 4 portii
**Timp total de pregătire:** 1 oră și 20 de minute

**Ingrediente:**
- 3 linguri. de unt nesarat
- 1 ½ linguriță de sare de mare
- Un strop de piper negru și sare
- ½ kilogram de paste penne
- 1 lingura. de ulei de masline, extra virgin
- 1 ceapă, mică și feliată subțire
- 1 ½ cană de brânză mozzarella, afumată și rasă
- 1 ½ cană de pui fript, gătit și mărunțit
- 1 cană de brânză Parmigiano-Reggiano, rasă
- 1 lingura. de rozmarin, proaspăt și tocat grosier
- 3 linguri. de făină universală
- 2 ½ căni de lapte, întreg
- 2 catei de usturoi

**Directii:**

a) În primul rând, încălziți cuptorul la 450 de grade. În timp ce cuptorul se încălzește, ungeți un vas mare de copt.

b) Pune o oală mare umplută cu apă cu sare la foc mediu spre mare. După ce apa fierbe, adăugați pastele penne. Gatiti 11 minute sau pana cand pastele sunt moi. Odată moale. Scurge pastele și trece sub apă rece. Scurgeți pastele din nou și puneți-le într-un castron mare.

c) Pune o tigaie medie la foc mediu. Adăugați uleiul de măsline și odată ce uleiul este suficient de fierbinte, adăugați ceapa tăiată felii și un praf de sare de mare. Gatiti 10 minute sau pana ce ceapa este moale si aurie. Se adaugă ceapa la paste și se amestecă.

d) Adăugați brânza mozzarella, puiul fript, 2/3 cană de parmezan și rozmarin proaspăt în bolul cu pastele și ceapa. Se amestecă pentru a amesteca.

e) Folosiți o cratiță medie și puneți la foc mic spre mediu. Adăugați untul. Odată ce untul este topit, adăugați făina universală. Bateți timp de 3 minute sau până când se omogenizează. Apoi adăugați laptele și continuați să amestecați până se amestecă.

f) Adăugați cățeii de usturoi și 1 ½ linguriță. de sare de mare. Se amestecă pentru a se amesteca și se aduce amestecul la fiert. Reduceți focul la mic și continuați să gătiți în timp ce amestecați până când amestecul devine consistent. Se aruncă cățeii de usturoi și se adaugă sosul în paste.

g) Se condimentează cu un strop de piper. Se amestecă pentru a acoperi pastele.

h) Transferați amestecul în tava de copt unsă.

i) Deasupra se presară parmezanul rămas și se condimentează cu un strop de piper.

j) Puneți la cuptor pentru a coace timp de 12 până la 15 minute sau până când aurii. Scoateți și lăsați să stea timp de 15 minute înainte de servire.

## 54. Rigatoni cu cârnați, mazăre și ciuperci

**Produce:** 6 porții

**Ingrediente:**

- 1 ¼ de kilogram de cârnați italieni, dulce
- Un strop de sare si piper negru
- 12 uncii de rigatoni
- 12 ciuperci albe, mari
- ½ cană de vin alb, uscat
- 1 cățel de usturoi, întreg
- 1 crenguță de cimbru, proaspătă
- Frunze de cimbru, pentru ornat
- 1 ½ cană de mazăre, proaspătă
- 1 cană de smântână groasă
- 2 linguri. de unt nesarat

**Directii:**

a) Pune o tigaie mare la foc mediu. Adăugați cârnații și 1 ¼ cani de apă. Gătiți timp de 10 minute înainte de a transfera pe o masă de tăiat. Tăiați în monede groase. Aruncă apa.

b) Folosind aceeași tigaie setată la foc mediu spre mare, adăugați monedele de cârnați și gătiți timp de 3 până la 4 minute pe fiecare parte sau până se rumenesc. Scoateți și puneți pe o farfurie mare.

c) În acest timp puneți o oală mare umplută cu apă cu sare la foc mare. După ce apa fierbe, adăugați rigatoni. Gatiti conform instructiunilor de pe ambalaj si apoi scurgeti. Asigurați-vă că rezervați 1/3 cană de apă pentru paste. Pus deoparte.

d) În aceeași tigaie pusă la foc mediu spre mare, adăugați ciupercile. Gătiți în grăsimea cârnaților timp de 8 minute sau până când se rumenesc.

e) Adăugați vinul uscat și deglazează fundul tigaii.

f) Adăugați cârnații în tigaie. Adăugați apa rezervată pentru paste și mazărea proaspătă. Adăugați smântâna groasă și amestecați pentru a se amesteca. Continuați să gătiți timp de 6 până la 8 minute sau până când amestecul devine consistent. Scoateți cimbrul și usturoiul.

g) Adăugați untul și asezonați cu un strop de sare și piper negru.

h) Adăugați rigatoni fierte și amestecați pentru a se acoperi. Gatiti 2-3 minute.

i) Se ia de pe foc si se serveste cu o garnitura de cimbru.

## 55. Penne clasice a la Vodka

**Produce:** 6 porții
**Timp total de pregătire:** 45 de minute
**Ingrediente:**
- 2 linguri. de ulei de masline, extra virgin
- 2 catei de usturoi, tocati
- 1, 28 uncii cutie de roșii, întregi și decojite
- ½ cană de busuioc, proaspăt și tocat grosier
- Un strop de sare si piper negru
- ¼ cană de vodcă
- 1 kilogram de paste penne
- 1 litru de smântână groasă

**Directii:**

a) Pune o tigaie mare la foc mediu. Adăugați uleiul de măsline și odată ce uleiul este suficient de fierbinte adăugați usturoiul. Gatiti 1-2 minute.

b) Adăugați roșiile și desfaceți-le cu o furculiță.

c) Adăugați busuiocul tocat și asezonați cu un strop de sare și piper negru. Gatiti la fiert timp de 15 minute.

d) Adăugați vodca și amestecați bine pentru a se încorpora. Continuați să gătiți încă 15 minute.

e) În acest timp, faceți pastele. Pentru a face acest lucru, puneți o oală mare umplută cu apă cu sare la foc mare. Odată ce apa începe să fiarbă, adăugați pastele penne. Gatiti 8-10 minute sau pana se inmoaie. Scurgeți și puneți deoparte.

f) Adăugați smântâna groasă în sos și continuați să gătiți timp de 10 minute.

g) Se ia de pe foc si se adauga pastele fierte. Se amestecă pentru a se amesteca și se servește imediat.

## 56. Caserolă cu homar și tăiței

**Produce:** 4 portii
**Timp total de pregătire:** 1 oră
**Ingrediente:**
- 2 homari, proaspete
- 3 linguri. de sare
- ½ linguriță. de sare
- 3 linguri. de unt
- 1 eșalotă
- 1 lingura. din pasta de tomate
- 3 catei de usturoi
- ¼ cană de coniac
- ½ cană de smântână groasă
- 1 lingurita. de piper negru
- ½ kilogram de tăiței cu ou
- 1 lingura. de suc de lamaie, proaspat
- 6 crengute de cimbru

**Directii:**
a) Primul lucru pe care veți dori să-l faceți este să gătiți homari. Pentru a face acest lucru, umpleți până la jumătate un castron mare cu apă cu gheață. Pus deoparte.

b) Apoi puneți o oală mare cu apă la foc mare. Adăugați 3 linguri de sare și aduceți apa la fiert. Odată ce apa fierbe, scufundați homarii. Reduceți focul la mic și gătiți acoperit timp de 4 minute.

c) După acest timp, transferați imediat homarii în baia de gheață pregătită.

d) Odată ce s-a răcit spargeți cojile și scoateți carnea de pe coadă și gheare. Pune cojile deoparte.

e) Tăiați carnea homarului în bucăți mici. Pus deoparte.

f) Mai întâi încălziți cuptorul la 350 de grade. În timp ce cuptorul se încălzește, luați o tavă mare de copt și acoperiți cu 1 cană de făină și unt.

g) Puneți o tigaie medie la foc mediu și adăugați untul. Odată ce untul s-a topit, adăugați eșalota. Gatiti 1-2 minute sau pana se inmoaie.

h) Apoi adăugați cojile de paste rezervate, pasta de roșii și usturoiul. Se amestecă bine pentru a se amesteca și se fierbe timp de 5 minute.

i) Luați tigaia de pe foc și adăugați coniac. Se pune din nou la foc și se bate pentru a se amesteca. Reduceți căldura la minim și adăugați 1 ½ cană de apă. Se lasă să gătească în continuare timp de 15 minute sau până când se îngroașă în consistență.

j) Se strecoară amestecul și se adaugă smântână, ½ linguriță. de sare și 1 linguriță. de piper negru.

k) Se toarnă smântâna înapoi în tigaie și se adaugă tăițeii cu ou, carnea de homar fiartă și sucul proaspăt de lămâie. Aruncă pentru a acoperi.

l) Turnați amestecul în vasul de copt pregătit. Acoperiți cu o foaie de folie de aluminiu și introduceți la cuptor pentru 20 de minute sau până când carnea homarului este complet gătită.

m) Scoateți și serviți imediat cu o garnitură de crenguțe de cimbru.

## 57. Papioni cu cârnați, roșii și smântână

**Produce:** 6 porții

**Ingrediente:**
- 1 pachet de 12 uncii de paste cu papion
- 2 linguri. de ulei de masline, extra virgin
- 1 kilogram de cârnați italieni, dulce, cojile îndepărtate și mărunțite
- ½ linguriță. din fulgi de ardei roșu, zdrobiți
- ½ cană de ceapă, tăiată cubulețe
- 3 catei de usturoi, tocati
- 1 conserve de 28 uncii de roșii prune, italiene, scurse și tocate grosier
- 1 ½ cană de smântână groasă
- ½ linguriță. de sare
- 3 linguri. de patrunjel, proaspat si tocat

**Directii:**

a) Mai întâi puneți o oală mare umplută cu apă cu sare la foc mare. Aduceți apa la fiert și adăugați pastele cu papion. Gatiti 8-10 minute sau pana se inmoaie. Scurgeți și puneți deoparte.

b) Pune o tigaie mare la foc mediu. Adăugați uleiul de măsline. Odată ce uleiul este suficient de fierbinte, adăugați cârnații și fulgii de ardei roșu zdrobiți. Gatiti 5-10 minute sau pana se rumenesc.

c) Apoi adăugați ceapa tăiată felii și usturoiul tocat. Amestecați bine pentru a amesteca și continuați să gătiți timp de 5 minute sau până când ceapa este moale.

d) Adăugați roșiile, smântâna groasă și ½ linguriță. de sare. Se amestecă pentru a se amesteca și se lasă să fiarbă la foc mic timp de 8 până la 10 minute.

e) După acest timp, adăugați pastele fierte și amestecați să se îmbrace. Gatiti 1-2 minute sau pana se fierbe.

f) Se ia de pe foc si se serveste imediat cu o stropire de patrunjel proaspat.

## 58. Turcia și Porcini Tetrazzini

**Produce:** 6 porții

**Ingrediente:**
- 1 pachet de ciuperci porcini, uscate
- 2 ½ cană de curcan fript, mare
- 8 uncii de tăiței cu ou, lați
- 3 linguri. de ulei de masline, extra virgin
- 3 linguri. de eșalotă, tocată
- 1 lingurita. din frunze de cimbru, proaspete si tocate
- Un praf de piper cayenne
- 3 linguri. de făină universală
- 2 ½ căni de lapte, întreg
- 1 lingura. de coniac
- ¼ lingurite. de sare
- ½ cană de parmezan, ras
- ½ cană de pesmet

**Directii:**

a) În primul rând, încălziți cuptorul la 325 de grade.

b) În timp ce cuptorul se încălzește, adăugați ciupercile într-un castron mare. Acoperiți cu apă și lăsați la înmuiat câteva minute. După acest timp, scurgeți și rezervați 1 ½ cană de lichid de înmuiere. Tăiați ciupercile în bucăți mici și adăugați-le într-un castron mare.

c) În castron, adăugați curcanul prăjit și tăiețeii cu ou. Se amestecă pentru a amesteca.

d) Pune o tigaie mare la foc mediu. Adăugați un strop de ulei de măsline. Odată ce uleiul este suficient de fierbinte, adăugați eșalota feliată. Gatiti 5 minute sau pana se inmoaie. Adăugați frunzele proaspete de cimbru și un praf de piper cayenne. Continuați să gătiți timp de 2 minute sau până când șalota devine aurie.

e) Apoi adăugați făina universală și gătiți timp de 1 până la 2 minute sau până se rumenește.

f) Adăugați laptele integral, conicul și lichidul de înmuiere rezervat. Deglazează fundul tigaii și asezonează cu ¼ de linguriță. de sare.

g) Aduceți amestecul la fierbere și apoi turnați peste amestecul de tăiței. Aruncă pentru a acoperi.

h) Transferați acest amestec într-o tavă mare de copt și acoperiți cu o foaie de folie de aluminiu. Se da la cuptor pentru 25 de minute.

i) Apoi, folosiți un castron mic și adăugați parmezanul ras și pesmetul de pâine. Se amestecă bine pentru a se amesteca.

j) Scoateți caserola din cuptor și presărați deasupra amestecul de pesmet. Se da din nou la cuptor pentru a se coace timp de 10 minute sau pana devin aurii.

## 59. Paste cu rosii si mozzarella

**Produce:** 4 portii
**Timp total de pregătire:** 30 minute
**Ingrediente:**
- ½ kilogram de brânză mozzarella, proaspătă
- ½ linguriță. de sare de mare
- 1 cană ulei de măsline, extra virgin
- 4 linguri. de unt
- 1 cană de ceapă Vidalia, tăiată subțire
- ¼ cană de usturoi, tocat
- 1 kilogram de paste penne
- 4 căni de roșii, viță de vie coaptă
- ¾ cană de brânză Romano
- ½ cană de busuioc, proaspăt și tocat

**Directii:**

a) Folosiți un castron mic și adăugați brânză mozzarella și ½ linguriță. de sare. Se amestecă pentru a se amesteca și se pune deoparte.

b) Umpleți o oală medie cu apă și apoi puneți la foc mare. Aduceți apa la fiert.

c) Pune o tigaie mare la foc mediu spre mare. Adăugați uleiul și untul. Odată ce untul este complet topit, adăugați ceapa și usturoiul. Reduceți căldura la minim. Gatiti 10 minute sau pana se inmoaie.

d) Adauga pastele in apa clocotita. Gatiti 8-10 minute sau pana se inmoaie. Scurgeți și puneți deoparte.

e) Adăugați roșiile la ceapă și usturoi. Creșteți căldura la mediu sau mare. Continuați să gătiți timp de 5 minute sau până când se înmoaie.

f) Adăugați pastele fierte în amestecul de roșii și ceapă. Aruncă pentru a acoperi.

g) Luați de pe foc și adăugați amestecul de mozzarella și ¼ de cană de brânză Romano. Se amestecă bine până se topește brânza.

## 60. Paste cremoase de creveți pesto

**Produce:** 8 portii
**Timp total de pregătire:** 30 minute
**Ingrediente:**
- 1 kilogram de paste linguine
- ½ cană de unt
- 2 cesti de frisca grea pentru frisca
- ½ linguriță. de piper negru
- 1 cană de parmezan, ras
- 1/3 cană de pesto
- 1 kilogram de creveți, mari, curățați și devenați

**Directii:**

a) Puneți o oală mare de supă umplută cu apă cu sare la foc mare. Aduceți apa la fiert. După ce au fiert, adăugați pastele și gătiți timp de 9 până la 11 minute sau până când se înmoaie. Odată ce se înmoaie, scurgeți pastele și puneți-le deoparte.

b) Pune o tigaie mare la foc mediu. Adăugați untul. Odată ce untul s-a topit, adăugați smântâna groasă. Asezonați cu ½ linguriță. de piper negru și amestecați pentru a se amesteca. Gătiți timp de 6 până la 8 minute, asigurându-vă că amestecați des.

c) Adăugați parmezanul în sos. Se amestecă bine până se amestecă.

d) Adăugați pesto și gătiți timp de 5 minute sau până când se îngroașă în consistență.

e) Adaugati crevetii si gatiti timp de 5 minute sau pana devine roz. Se ia de pe foc.

f) Serviți sosul peste pastele fierte și savurați imediat.

## 61. Tortellini cu spanac și roșii

**Produce:** 6 porții
**Timp total de pregătire:** 40 de minute
**Ingrediente:**
- 1 pachet de tortellini de 16 uncii, brânză
- 1 conserve de 14,5 uncii de roșii cu usturoi și ceapă, tăiate cubulețe
- 1 cană de spanac, proaspăt și tocat grosier
- ½ linguriță. de sare
- ¼ lingurite. de piper negru
- 1 ½ linguriță. de busuioc, uscat
- 1 lingurita. de usturoi, tocat
- 2 linguri. de făină universală
- ¾ cană de lapte, întreg
- ¾ cană de smântână groasă
- ¼ cană de parmezan, ras

**Directii:**

a) Umpleți o oală mare de supă cu apă și puneți-o la foc mare. Aduceți apa la fiert și apoi adăugați tortellini. Fierbe pastele până devin fragede. Acest lucru ar trebui să dureze 10 minute.

b) În timp ce tortellini se gătesc, puneți o cratiță mare la foc mediu. Adăugați spanacul, roșiile conservate, sare și piper negru, busuioc uscat și usturoi tocat. Se amestecă pentru a se amesteca și se fierbe timp de 5 minute sau până când amestecul începe să clocotească la suprafață.

c) Apoi folosiți un castron mare și adăugați făina universală, laptele integral și smântâna groasă. Se amestecă pentru a se amesteca și se toarnă în tigaie. Adăugați parmezanul. Bateți până la omogenizare și gătiți timp de 2 minute sau până când se îngroașă în consistență.

d) Scurge pastele si adauga in tigaia cu sosul. Se amestecă pentru a se acoperi și se ia de pe foc. Serviți imediat.

## 62. Paste Cajun cu pui

**Produce:** 2 porții

**Ingrediente:**
- 4 uncii de paste linguine
- 2 piepti de pui, fara piele, dezosati si taiati in jumatati
- 2 lingurite. de condiment cajun
- 2 linguri. de unt
- 1 ardei gras rosu feliat subtire
- 4 ciuperci, proaspete și feliate subțiri
- 1 ardei gras verde feliat subtire
- 1 ceapa verde, tocata
- 1 cană de cremă groasă
- ¼ lingurite. de busuioc, uscat
- ¼ lingurite. de piper lamaie
- ¼ lingurite. de sare
- 1/8 lingurite. de usturoi, pudra
- 1/8 lingurite. de piper negru
- ¼ cană de parmezan, proaspăt ras

**Directii:**

a) Pune o oală mare umplută cu apă cu sare la foc mare. Odată ce apa începe să fiarbă, adăugați pastele. Gatiti 8-10 minute sau pana se inmoaie. Scurge pastele și pune deoparte.

b) Puneți puiul și condimentele Cajun într-o pungă mare Ziploc. Agitați energic pentru a acoperi.

c) Apoi, puneți o tigaie mare la foc mediu. Adăugați puiul și untul. Gatiti 5-7 minute sau pana se inmoaie.

d) Adăugați ardeiul gras roșu tăiat felii subțiri, ciupercile, ardeiul gras verde tăiat felii subțiri și ceapa verde feliată. Gatiti 2-3 minute sau pana se inmoaie. Reduceți căldura la minim.

e) Adăugați smântâna groasă, busuioc tocat, piper lămâie, sare, usturoi pudră și piper negru. Se amestecă bine pentru a se amesteca.

f) Adăugați pastele fierte și amestecați pentru a se acoperi. Continuați să gătiți încă un minut sau până când este fierbinte.

g) Se ia de pe foc si se serveste imediat cu o stropire de parmezan.

## 63. Creveți cu piper Alfredo

**Produce:** 6 porții
**Timp total de pregătire:** 50 de minute
**Ingrediente:**
- 12 uncii de paste penne
- ¼ cană de unt
- 2 linguri. de ulei de masline, extra virgin
- 1 ceapă, tăiată cubulețe
- 2 catei de usturoi, tocati
- 1 ardei gras, colorat rosu si taiat cubulete
- ½ kilogram de ciuperci Portobello, tăiate cubulețe
- 1 kg de creveți, curățați și devenați
- 1 borcan de 15 uncii de sos Alfredo
- ½ cană de brânză Romano, rasă
- ½ cană de smântână groasă
- 1 lingurita. de ardei cayenne
- Un strop de sare si piper negru
- ¼ cană de pătrunjel, proaspăt și tocat grosier

**Directii:**

a) Puneți o oală mare de supă umplută cu apă cu sare la foc mare. Odată ce apa începe să fiarbă, adăugați pastele. Gatiti 9-11 minute sau pana se inmoaie. Scurge pastele și pune deoparte.

b) În acest timp puneți o tigaie mare la foc mediu. Adăugați uleiul de măsline și untul. Odată ce untul este topit, adăugați ceapa. Gatiti 2 minute sau pana se inmoaie.

c) Adăugați usturoiul, ardeiul gras roșu tăiat cubulețe și ciupercile. Se amestecă pentru a se amesteca și se fierbe timp de 2 minute sau până când se înmoaie.

d) Adăugați creveții. Se amestecă pentru a se amesteca și se fierbe timp de 4 minute sau până când se înmoaie.

e) Turnați încet sosul Alfredo, brânza rasă și smântâna groasă. Amestecați ușor pentru a se amesteca și aduceți acest amestec la fiert. Gatiti timp de 5 minute sau pana se ingroasa in consistenta.

f) Se condimentează amestecul cu piper cayenne, un strop de sare și un strop de piper negru.

g) Adăugați pastele fierte și amestecați pentru a se amesteca.

h) Se ia de pe foc si se serveste imediat cu o garnitura de patrunjel tocat.

## 64. Lasagna Verde

PORȚII 6

**Ingrediente:**
- 1 Pasta Verde
- 5 până la 6 căni de bechamel
- 2 kg de urzici proaspete, sau urzici și spanac, sau urzici și mătg sau altă combinație de verdeață
- 1 ceapa galbena medie, tocata marunt
- 2 linguri ulei de masline extravirgin
- Sare de mare și piper negru proaspăt măcinat
- 2-3 linguri de unt nesarat
- 1 cană parmigiano-reggiano proaspăt ras

**Directii:**
a) Mai întâi faceți aluatul de paste.
b) În timp ce aluatul se odihnește, faceți bechamel.
c) Acum faceți umplutura: Culegeți verdețurile (dacă folosiți urzici, înainte de a le manipula cu mâinile goale, albiți-le pentru a îndepărta înțepătura), îndepărtând verdețurile galbene sau ofilite și îndepărtați frunzele de pe tulpinile dure. Tăiați verdeața în panglici.
d) Combinați ceapa și uleiul în fundul unei cratițe grele și puneți la foc mediu-mic. Gatiti, amestecand, pana ce ceapa devine moale, apoi adaugati verdeata cu pumni, lasand fiecare mana sa se prabuseasca si sa se ofileasca usor inainte de a adauga mai multe. Dacă este necesar, adăugați câteva linguri de apă clocotită pentru ca verdeața să nu se prindă. Adăugați sare și piper și gătiți până când verdeața este gata, 8 până la 10 minute.
e) Acum sunteți gata să întindeți pastele, lucru pe care îl puteți face cu un sucitor și o placă sau cu o mașină de paste. Urmați instrucțiunile de lasagna, așezând foile de lasagna gătite pe prosoape de bucătărie umede, așa cum este descris.

f) Setați cuptorul la 450 °F. Folosiți puțin unt pentru a unge fundul unui vas de copt de 9 x 13 inci sau a unei tavi pentru lasagna.

g) Întindeți câteva linguri de umplutură verde peste fundul vasului, apoi puneți un strat de foi de paste peste umplutură. Acoperiți foile de paste cu aproximativ o treime din umplutura rămasă, apoi întindeți o parte din bechamel peste aceasta. Se presară cu parmigiano. Adăugați un alt strat de fâșii de paste și acoperiți din nou cu umplutură, bechamel și brânză. Continuați să faceți asta până se epuizează toate foile de paste. Stratul superior trebuie să fie bechamel și brânză rasă, presărată cu unt.

h) Coaceți timp de 15 până la 20 de minute, până când blatul clocotește și ușor auriu. Scoateți din cuptor și lăsați să se înfiereze 15 minute înainte de servire.

## 65. Lasagna cu ciuperci cu dovleac

PORTI 8 PÂNĂ 10

**Ingrediente:**
- 1 Paste Fresca de bază Aluat
- 1½ uncie ciuperci porcini uscate
- 3 kilograme de ciuperci proaspete, inclusiv sălbatice, dacă sunt disponibile
- ½ cană ulei de măsline extravirgin
- 1 lingura de unt nesarat, plus putin pentru tava de copt si pentru a puncta partea de sus a lasagnei
- 1 kilogram de ceapa primavara, inclusiv blaturi fragede verzi, sau 1 ceapa galbena medie, tocata foarte fin
- 1 cățel de usturoi, zdrobit cu partea netedă a unei lame și tocat
- ½ cană pătrunjel cu frunze plate tocat mărunt
- 1 lingura de cimbru tocat
- Sare de mare și piper negru proaspăt măcinat
- 5 căni de bechamel
- 4 căni de dovleac de iarnă, mărunțiți pe găurile mari ale unei răzătoare cu cutie
- ¼ până la ⅓ cană brânză parmigiano-reggiano sau grana padano rasă

**Directii:**

a) În primul rând, dacă folosiți paste proaspete, faceți aluatul.

b) Dacă folosiți ciuperci uscate, reconstituiți-le; păstrați lichidul de înmuiere strecurat pentru a fi adăugat mai târziu, dacă este necesar.

c) Culegeți ciupercile proaspete, tăind orice nisip sau zonele deteriorate. Separați capacele de tulpini. Tăiați capacele și tăiați tulpinile. (Dacă folosiți shiitake sau orice ciuperci similare cu tulpini dure, aruncați tulpinile.)

d) Adăugați ¼ de cană de ulei într-o tigaie și puneți la foc mediu-mare. Adăugați ceapa și usturoiul și gătiți rapid, amestecând, până când ceapa abia a început să se rumenească și să se rumenească. Se amestecă tulpinile de ciuperci tăiate cubulețe și ciupercile uscate reconstituite mărunțite. Adăugați ¼ de cană de pătrunjel și cimbru tocat. Gătiți ciupercile timp de 10 până la 15 minute sau până când sunt gătite; asezonați cu sare și piper și amestecați conținutul tigaii în bechamel.

e) Într-o tigaie separată, combinați capacele de ciuperci feliate cu restul de ¼ de cană de pătrunjel, 1 lingură de ulei și 1 lingură de unt și gătiți ușor la foc mediu-mic până când ciupercile sunt gătite, 7 sau 8 minute. Adăugați multă sare și piper după gust. Pus deoparte.

f) Întinde pastele cât de subțire poți.

g) Aduceți o oală mare cu apă cu sare la fierbere și pregătiți un castron cu apă cu gheață. Adăugați pastele în apa clocotită și gătiți așa cum este descris în instrucțiuni, așezând foile de paste fierte pe prosoape de bucătărie curate.

h) Setați cuptorul la 350 °F.

i) Ungeți ușor cu unt fundul și părțile laterale ale unui vas de copt dreptunghiular de 8 x 12 inchi, care are cel puțin 2 inci adâncime.

j) Întindeți câteva linguri de bechamel pe fundul vasului de copt, apoi adăugați un strat de foi de paste. Peste paste se pune aproximativ un sfert de bechamel într-un strat, apoi aproximativ o treime din capacele de ciuperci sotate și o treime din dovleac ras. Presărați câteva linguri de parmigiano peste acest strat. Repetați aceste straturi - paste, bechamel, capace de ciuperci, dovleac ras și brânză - până când tava este plină și umplutura este epuizată. Pentru stratul superior, folosiți ultimul bechamel, întindeți-l puțin mai gros și ungeți-l pe marginile tigaii pentru a sigila pastele înăuntru.

k) Coaceți aproximativ 30 de minute, apoi creșteți căldura la 400 °F. Coaceți încă 10 minute, sau până când lasagna clocotește și blatul este maro auriu.

l) Scoateți lasagna din cuptor și lăsați-o deoparte pentru cel puțin 10 până la 15 minute, sau până la o oră, într-un loc cald înainte de servire. Acest lucru permite lasagna să se aseze și o face mai ușor de tăiat și servit.

## 66. Cuscus palestinian

PORȚII DE LA 6 LA 8

**Ingrediente:**
- Un pui mic proaspăt (2½ până la 3 lire sterline), de preferință în aer liber, tăiat în 8 bucăți
- Sare de mare și piper negru proaspăt măcinat
- ½ linguriță cardamom măcinat
- ½ cană ulei de măsline extravirgin
- 1 ceapa galbena medie, fara coaja
- 4 boabe de ienibahar
- Un baton de scorțișoară de 2 inci
- 2 foi de dafin
- anason de 2 stele
- Ciupiți turmeric măcinat
- ½ linguriță de semințe întregi de chimen
- 1½ cani de naut fiert
- 1 ardei roșu dulce, tăiat și feliat subțire
- ½ ceapă roșie medie, tăiată în lună (longitudinal)
- 2 cani de maftoul
- ¼ cana migdale prajite tocate grosier
- 3 crengute de coriandru culese, pentru ornat

**Directii:**

a) Frecați bucățile de pui peste tot cu sare, piper și cardamom. Se încălzește ¼ de cană de ulei într-o oală cu fund greu la foc mediu. Se adaugă puiul și se rumenește bine pe toate părțile. Scoateți bucățile de pui și lăsați deoparte. Scoateți oala de pe foc și când uleiul s-a răcit, răsturnați-l și ștergeți oala cu prosoape de hârtie pentru a îndepărta toate urmele de ulei ars.

b) Puneți oala la foc mediu-mic și adăugați puiul înapoi împreună cu 8 până la 10 căni de apă, suficientă pentru a acoperi puiul. Nu curățați ceapa, ci îndepărtați orice coajă de hârtie, apoi tăiați ceapa în jumătate și adăugați-o în oală împreună cu ienibaharul, batonul de scorțișoară, foile de dafin, anasonul stelat, turmeric și chimen. Acoperiți oala și aduceți la fiert. Gatiti la foc mic timp de 1 ora, moment in care puiul trebuie sa fie gata si foarte fraged.

c) Scoateți puiul din bulion și lăsați-l deoparte. Când este suficient de rece pentru a fi manevrat, puneți bucățile într-o tavă de cuptor, de preferință una cu capac.

d) Se strecoară bucățile de condimente și foile de dafin din bulion și se aruncă. Odată ce bulionul s-a răcit puțin, transferați-l într-un loc răcoros sau la frigider pentru a lăsa grăsimea să crească și să se înghețe. Când grăsimea este solidă deasupra, îndepărtați-o cu o lingură cu fantă și aruncați-o.

e) Când sunteți gata să continuați, setați cuptorul la o temperatură scăzută, de la 200° la 250°F.

f) Se pune bulionul degresat în oală la foc mediu și se aduce la fiert. Se fierbe, neacoperit, până când bulionul s-a redus la jumătate, adică la aproximativ 4 căni.

g) Scoateți 1 cană de bulion și turnați-o peste bucățile de pui din vasul de cuptor. Acoperiți puiul cu un capac sau cu o foaie de folie de aluminiu și transferați la cuptor să se încălzească în timp ce faceți maftoul.

h) Încălziți năutul fiert, dacă este necesar, adăugând câteva linguri de bulion sau apă plată. Aduceți la fiert la foc mic, cât să le încălzească. Păstrează-te de cald în timp ce termini maftoul.

i) Într-o tigaie mică, combinați ardeiul dulce și feliile de ceapă cu restul de ¼ de cană de ulei și soțiți ușor până când feliile încep să se înmoaie. Adăugați maftoul și gătiți, amestecând, timp de aproximativ 3 minute doar pentru a prăji ușor boabele de maftoul și a le scoate în evidență aroma de grâu. Reduceți bulionul la fiert, dacă este necesar, și adăugați maftoul și legumele. Se fierbe, neacoperit, timp de 15 minute, sau până când boabele de maftoul sunt fragede.

j) Aranjați maftoul pe un platou, apoi puneți bucățile de pui deasupra, răsturnând orice bulion rezidual peste maftoul. La final, puneți năutul deasupra și decorați cu migdalele prăjite și coriandru.
k) Serviți imediat.

## 67. Manicotti umplute cu smog

**Face 4 portii**

**Ingrediente:**
- 12 manicotti
- 3 linguri ulei de masline
- 1 ceapa mica, tocata
- 1 buchet mediu de smog elvețian, tulpini tari tăiate și tocate
- 1 kilogram de tofu ferm, scurs și mărunțit
- Sare și piper negru proaspăt măcinat
- 1 cană caju crude
- 3 căni de lapte de soia simplu, neîndulcit
- 1/8 linguriță nucșoară măcinată
- 1/8 linguriță de cayenă măcinată
- 1 cană pesmet uscat necondimentat

**Directii:**

a) Preîncălziți cuptorul la 350°F. Unge ușor o tavă de copt de 9 x 13 inci și pune deoparte.

b) Într-o oală cu apă clocotită cu sare, gătiți manicotti la foc mediu-mare, amestecând din când în când, până al dente, aproximativ 8 minute. Se scurge bine si se trece sub apa rece. Pus deoparte.

c) Într-o tigaie mare, încălziți 1 lingură de ulei la foc mediu. Adăugați ceapa, acoperiți și gătiți până se înmoaie aproximativ 5 minute. Adăugați mătgul, acoperiți și gătiți până când magul este fraged, amestecând ocazional, aproximativ 10 minute. Se ia de pe foc si se adauga tofu, amestecand pentru a se amesteca bine. Se condimenteaza bine cu sare si piper dupa gust si se lasa deoparte.

d) Într-un blender sau robot de bucătărie, măcinați caju până la o pudră. Adăugați 1/2 cani de lapte de soia, nucșoară, cayenne și sare după gust. Se amestecă până la omogenizare. Adăugați restul de 1 1/2 căni de lapte de soia și amestecați până devine cremos. Gustați, ajustând condimentele dacă este necesar.

**e)** Întindeți un strat de sos pe fundul vasului de copt pregătit. Împachetați aproximativ 1/3 de cană de umplutură de smog în manicotti. Aranjați manicotti umpluți într-un singur strat în tava de copt. Turnați sosul rămas peste manicotti. Într-un castron mic, combinați pesmetul și restul de 2 linguri de ulei și stropiți peste manicotti. Acoperiți cu folie și coaceți până când sunt fierbinți și clocotiți, aproximativ 30 de minute. Serviți imediat.

## 68. Manicotti de spanac și sos de nuci

**Face 4 portii**

**Ingrediente:**
- 12 manicotti
- 1 lingura ulei de masline
- 2 salote medii, tocate
- 2 pachete (10 uncii) spanac tocat congelat, decongelat
- 1 kilogram de tofu extra ferm, scurs și mărunțit
- ¼ linguriță nucșoară măcinată
- Sare și piper negru proaspăt măcinat
- 1 cană bucăți de nucă prăjită
- 1 cană tofu moale, scurs și mărunțit
- ¼ cană drojdie nutritivă
- 2 căni de lapte de soia simplu, neîndulcit
- 1 cană pesmet uscat

**Directii:**

a) Preîncălziți cuptorul la 350°F. Unge ușor o tavă de copt de 9 x 13 inci. Într-o oală cu apă clocotită cu sare, gătiți manicotti la foc mediu-mare, amestecând din când în când, până al dente, aproximativ 10 minute. Se scurge bine si se trece sub apa rece. Pus deoparte.

b) Într-o tigaie mare, încălziți uleiul la foc mediu. Adaugati salota si gatiti pana se inmoaie, aproximativ 5 minute. Stoarceți spanacul pentru a elimina cât mai mult lichid posibil și adăugați-l la șalotă. Asezonați cu nucșoară și sare și piper după gust și gătiți 5 minute, amestecând pentru a se amesteca aromele. Adăugați tofu extra-firm și amestecați pentru a se amesteca bine. Pus deoparte.

c) Intr-un robot de bucatarie proceseaza nucile pana se macina fin. Adăugați tofu moale, drojdie nutritivă, lapte de soia și sare și piper după gust. Procesați până la omogenizare.

**d)** Întindeți un strat de sos de nuci pe fundul vasului de copt pregătit. Umpleți manicotti cu umplutura. Aranjați manicotti umpluți într-un singur strat în tava de copt. Se pune deasupra sosul rămas. Acoperiți cu folie și coaceți până se încinge, aproximativ 30 de minute. Descoperiți, stropiți cu pesmet și coaceți încă 10 minute pentru a rumeni ușor blatul. Serviți imediat.

## 69. Paste umplute cu vinete și tempeh

**Face 4 portii**

**Ingrediente:**
- 8 uncii tempeh
- 1 vinete medie
- 12 coji mari de paste
- 1 cățel de usturoi, piure
- ¼ linguriță cayenne măcinate
- Sare și piper negru proaspăt măcinat
- Pesmet uscat necondimentat
- 3 cani de sos marinara, de casa

**Directii:**
a) Într-o cratiță medie cu apă clocotită, gătiți tempeh-ul timp de 30 de minute. Se scurge si se da deoparte la racit.
b) Preîncălziți cuptorul la 450°F. Înțepăți vinetele cu o furculiță și coaceți pe o foaie de copt ușor unsă cu ulei până se înmoaie, aproximativ 45 de minute.
c) În timp ce vinetele se coace, gătiți cojile de paste într-o oală cu apă clocotită cu sare, amestecând din când în când, până al dente, aproximativ 7 minute. Scurgeți și treceți sub apă rece. Pus deoparte.
d) Scoateți vinetele din cuptor, tăiați-le în jumătate pe lungime și scurgeți orice lichid. Reduceți temperatura cuptorului la 350°F. Unge ușor o tavă de copt de 9 x 13 inci. Intr-un robot de bucatarie proceseaza usturoiul pana se macina fin. Adăugați tempeh și pulsați până se măcina grosier. Răzuiți pulpa de vinete din coajă și adăugați în robotul de bucătărie împreună cu tempeh și usturoiul. Adăugați cayenne, asezonați cu sare și piper după gust și pulsați pentru a combina. Dacă umplutura este liberă, adăugați niște pesmet.

**e)** Întindeți un strat de sos de roșii pe fundul vasului de copt pregătit. Îndesați umplutura în coji până când este bine ambalată.

**f)** Aranjați cojile deasupra sosului și turnați sosul rămas peste și în jurul cojilor. Acoperiți cu folie și coaceți până se încinge, aproximativ 30 de minute. Descoperiți, stropiți cu parmezan și coaceți încă 10 minute. Serviți imediat.

## 70. Ravioli de dovleac cu mazăre

**Face 4 portii**

**Ingrediente:**
- 1 cană de piure de dovleac conservat
- ½ cană tofu extra ferm, bine scurs și mărunțit
- 2 linguri patrunjel proaspat tocat
- Ciupiți nucșoară măcinată
- Sare și piper negru proaspăt măcinat
- 1Aluat de paste fără ouă
- 2 sau 3 eșalope medii, tăiate în jumătate pe lungime și tăiate în felii de 1/4 inch
- 1 cană de mazăre baby congelată, decongelată

**Directii:**
a) Folosiți un prosop de hârtie pentru a șterge excesul de lichid din dovleac și tofu, apoi combinați într-un robot de bucătărie cu drojdia nutritivă, pătrunjelul, nucșoara și sare și piper, după gust. Pus deoparte.
b) Pentru a face ravioli, întindeți aluatul de paste subțire pe o suprafață ușor făinată. Tăiați aluatul în
c) Benzi late de 2 inchi. Pune 1 linguriță grămadă de umplutură pe 1 fâșie de paste, la aproximativ 1 inch de sus. Pune o altă linguriță de umplutură pe fâșia de paste, la aproximativ un inch sub prima lingură de umplutură. Repetați pe toată lungimea benzii de aluat. Udați ușor marginile aluatului cu apă și puneți o a doua fâșie de paste deasupra primei, acoperind umplutura. Presați cele două straturi de aluat împreună între porțiunile de umplutură.
d) Folosiți un cuțit pentru a tăia părțile laterale ale aluatului pentru a-l face drept, apoi tăiați aluatul între fiecare movilă de umplutură pentru a face ravioli pătrați. Asigurați-vă că apăsați buzunarele de aer din jurul umplerii înainte de sigilare.

e) Folosiți dinții unei furculițe pentru a apăsa de-a lungul marginilor aluatului pentru a sigila ravioli. Transferați ravioli pe o farfurie cu făină și repetați cu aluatul rămas și sosul. Pus deoparte.

**f)** Într-o tigaie mare, încălziți uleiul la foc mediu. Adăugați eșalota și gătiți, amestecând din când în când, până când eșalota devine maro auriu, dar nu este ars, aproximativ 15 minute. Se amestecă mazărea și se condimentează cu sare și piper după gust. Păstrați cald la foc foarte mic.

**g)** Într-o oală mare cu apă clocotită cu sare, gătiți ravioli până când plutesc până deasupra, aproximativ 5 minute. Se scurge bine si se transfera in tava cu salota si mazarea. Gatiti un minut sau doua pentru a amesteca aromele, apoi transferati intr-un castron mare de servire. Se condimentează cu mult piper și se servește imediat.

## 71. Ravioli de anghinare-nuci

**Face 4 portii**

**Ingrediente:**
- ⅓ cană plus 2 linguri ulei de măsline
- 3 catei de usturoi, tocati
- 1 pachet (10 uncii) de spanac congelat, dezghețat și stors uscat
- 1 cană inimioare de anghinare congelate, dezghețate și tocate
- ⅓ cană tofu ferm, scurs și mărunțit
- 1 cană bucăți de nucă prăjită
- ¼ cană pătrunjel proaspăt bine împachetat
- Sare și piper negru proaspăt măcinat
- 1Aluat de paste fără ouă
- 12 frunze proaspete de salvie

**Directii:**
a) Într-o tigaie mare, încălziți 2 linguri de ulei la foc mediu. Adăugați usturoiul, spanacul și inimioarele de anghinare. Acoperiți și gătiți până când usturoiul este moale și lichidul este absorbit, aproximativ 3 minute, amestecând din când în când. Transferați amestecul într-un robot de bucătărie. Adăugați tofu, 1/4 cană de nuci, pătrunjelul și sare și piper după gust. Procesați până se toca și se amestecă bine.
b) Se da deoparte la racit.
c) Pentru a face ravioli, întindeți aluatul foarte subțire (aproximativ 1/8 inch) pe o suprafață ușor făinată și tăiați-l în fâșii de 2 inci lățime. Pune 1 linguriță grămadă de umplutură pe o fâșie de paste, la aproximativ 1 inch de sus. Pune o altă linguriță de umplutură pe fâșia de paste, la aproximativ 1 inch sub prima lingură de umplutură. Repetați pe toată lungimea benzii de aluat.

**d)** Udați ușor marginile aluatului cu apă și puneți o a doua fâșie de paste deasupra primei, acoperind umplutura.

**e)** Presați cele două straturi de aluat împreună între porțiunile de umplutură. Folosiți un cuțit pentru a tăia părțile laterale ale aluatului pentru a-l face drept, apoi tăiați aluatul între fiecare movilă de umplutură pentru a face ravioli pătrați. Folosiți dinții unei furculițe pentru a apăsa de-a lungul marginilor aluatului pentru a sigila ravioli. Transferați ravioli pe o farfurie cu făină și repetați cu aluatul rămas și umplutura.

**f)** Gătiți ravioli într-o oală mare cu apă clocotită cu sare până când plutesc până deasupra, aproximativ 7 minute. Se scurge bine si se da deoparte. Într-o tigaie mare, încălziți 1/3 cană de ulei rămasă la foc mediu. Adăugați salvie și restul de ¾ de cană de nucă și gătiți până când salvia devine crocantă și nucile devin parfumate.

**g)** Adăugați ravioli fierte și gătiți, amestecând ușor, pentru a se acoperi cu sosul și încălziți. Serviți imediat.

## 72. Tortellini cu sos de crema

**Face 4 portii**

**Ingrediente:**
- 1 lingura ulei de masline
- 3 catei de usturoi, tocati marunt
- 1 cana tofu ferm, scurs si maruntit
- ¾ cană pătrunjel proaspăt tocat
- 1/4 cană parmezan vegan sauParmasio
- Sare și piper negru proaspăt măcinat
- 1Aluat de paste fără ouă
- 21/2 cani sos marinara, de casa
- Zeste de 1 portocală
- 1/2 linguriță de ardei roșu măcinat
- 1/2 cană de cremă de soia sau lapte de soia simplu, neîndulcit

**Directii:**
a) Într-o tigaie mare, încălziți uleiul la foc mediu. Adăugați usturoiul și gătiți până se înmoaie, aproximativ 1 minut. Se amestecă tofu, pătrunjelul, parmezanul și sare și piper negru după gust. Se amestecă până se omogenizează bine. Se da deoparte la racit.
b) Pentru a face tortellini, întindeți aluatul subțire (aproximativ 1/8 inch) și tăiați-l în pătrate de 21/2 inch. Loc
c) 1 linguriță de umplutură chiar în afara centrului și îndoiți un colț al pătratului de paste peste umplutură pentru a forma un triunghi. Apăsați marginile împreună pentru a sigila, apoi înfășurați triunghiul, cu punctul central în jos, în jurul degetului arătător, apăsând capetele împreună, astfel încât să se lipească. Îndoiți în jos punctul triunghiului și glisați de pe deget. Se da deoparte pe o farfurie usor infainata si se continua cu restul de aluat si umplutura.

**d)** Într-o cratiță mare, combinați sosul marinara, coaja de portocală și ardeiul roșu zdrobit. Se incinge pana se incinge, apoi se adauga crema de soia si se tine la cald la foc foarte mic.

**e)** Într-o oală cu apă clocotită cu sare, gătiți tortellini până când plutesc până deasupra, aproximativ 5 minute. Scurgeți bine și transferați într-un castron mare de servire. Adăugați sosul și amestecați ușor pentru a se combina. Serviți imediat.

## 73. Gnocchi cu vin roşu – sos de roşii

**Face 4 portii**

**Ingrediente:**
- 2 cartofi ruginii medii
- 1 lingura ulei de masline
- 3 catei de usturoi, tocati
- (28 uncii) cutie de roșii zdrobite
- ⅓ cană vin roșu sec
- 1 1/2 lingurițe busuioc uscat
- 1 lingurita oregano uscat
- 2 linguri patrunjel proaspat tocat
- Sare
- Piper negru proaspăt măcinat
- 1 cană de făină universală, plus mai mult dacă este necesar
- Busuioc proaspat, pentru garnitura (optional)

**Directii:**

a) Preîncălziți cuptorul la 450°F. Introduceți cartofii la cuptor și coaceți până când se înmoaie când sunt străpunși cu o furculiță, aproximativ 1 oră.

b) Într-o cratiță mare, încălziți uleiul la foc mediu. Adăugați usturoiul și gătiți până devine parfumat, aproximativ 1 minut. Nu arde. Se amestecă roșiile, vinul, busuiocul, oregano, 1 lingură de pătrunjel și sare și piper după gust. Reduceți focul la mic și fierbeți timp de 20 de minute. Păstrați cald la foc mic.

c) Pentru a face gnocchi, combinați făina și 1 linguriță de sare într-un castron mare. Pus deoparte. În timp ce cartofii copți sunt încă fierbinți, tăiați-i cu grijă în jumătate, răzuiți interiorul într-un castron mare separat și treceți-i printr-o moară de cartofi sau prin moară pentru a le face pufoase. Puneți cartofii orezați în centrul făinii împreună cu 1 lingură rămasă de pătrunjel. Se condimenteaza bine cu sare si piper dupa gust.

**d)** Amestecați treptat făina în cartofi pentru a face un aluat, adăugând mai multă făină la nevoie. Framantam aluatul pana se omogenizeaza, aproximativ 4 minute. Nu suprasolicitați aluatul. Împărțiți aluatul în 4 bucăți. Pe o suprafață ușor înfăinată, folosind palma mâinilor, rulați fiecare secțiune de aluat într-o rolă de 1⁄2 inch grosime. Tăiați fiecare rolă de aluat în bucăți de ¾ inch.

**e)** Într-o oală mare cu apă clocotită cu sare, gătiți gnocchi până când plutesc până deasupra, aproximativ 3 minute. Scoateți gnocchii fierți cu o lingură cu fantă și puneți-le într-o strecurătoare pentru a se scurge bine. Transferați într-un castron mare de servire și adăugați sosul de roșii, amestecând ușor pentru a se combina. Se ornează cu busuioc proaspăt, dacă se folosește, și se servește imediat.

## 74. Pierogi cu ceapă prăjită

**Face 6 portii**
**Ingrediente:**
- 1 kilogram de cartofi rumeni, curățați și tăiați în bucăți
- 1 lingurita sare
- ¼ linguriță piper negru proaspăt măcinat
- 2 linguri plus 1 lingurita ulei de masline
- 1 ceapa galbena medie, tocata
- 1Aluat de paste fără ouă

**Directii:**
a) Într-o oală mare cu apă cu sare, fierbeți cartofii până se înmoaie, aproximativ 20 de minute. Se scurge si se intoarce in oala. Adăugați sare și piper, piureați cartofii și lăsați deoparte.

b) Într-o tigaie, încălziți cele 2 linguri de ulei la foc mediu. Adăugați ceapa, acoperiți și gătiți până se înmoaie, aproximativ 7 minute. Se amestecă ceapa fiartă în piureul de cartofi. Se amestecă bine și se gustă, ajustând condimentele dacă este necesar. Se lasa deoparte sa se raceasca complet.

c) Împărțiți aluatul în 2 părți egale și întindeți, câte o bucată, pe o suprafață ușor înfăinată, până se întinde foarte subțire, de aproximativ 1/8 inch grosime. Tăiați aluatul în fâșii de 3 inchi lățime, apoi tăiați benzile pentru a crea pătrate de 3 inchi. Pune 1 linguriță grămadă de umplutură pe jumătate din fiecare pătrat de aluat.

d) Umeziți marginea fiecărui pătrat cu apă și îndoiți în triunghiuri, îndoind un colț al aluatului peste umplutură pentru a apăsa pe colțul opus. Folosind degetul, apăsați toate marginile împreună pentru a sigila bine. Repetați cu aluatul rămas și umplutura. Dacă a mai rămas umplutură, rezervați-o pentru o altă utilizare. Apăsați dinții furculiței de-a lungul marginii pierogi pentru a sigila. Se da deoparte pe o farfurie usor infainata.

e) Într-o oală mare cu apă clocotită cu sare, gătiți pierogii până când plutesc până deasupra, aproximativ 3 minute. Scurgeți bine. Rumeniți ușor pierogi într-o tigaie mare cu 1 linguriță de ulei rămasă. Se condimentează cu sare și mult piper. Serviți imediat.

## Lasagna Alfredo de pui

**Ingrediente**
- 4 uncii pancetta feliată subțire, tăiată în fâșii
- 3 uncii prosciutto sau șuncă delicată feliate subțiri, tăiate în fâșii
- 3 cani de pui la rotisor maruntit
- 5 linguri de unt nesarat, taiate cubulete
- 1/4 cană făină universală
- 4 cani de lapte integral
- 2 căni de brânză Asiago mărunțită, împărțită
- 2 linguri patrunjel proaspat tocat, impartit
- 1/4 lingurita piper macinat grosier
- Ciupiți nucșoară măcinată
- 9 tăiței lasagna fără gătire
- 1-1/2 cani de brânză mozzarella mărunțită parțial degresată
- 1-1/2 cani de parmezan tocat

**Directii**

a) Într-o tigaie mare, gătiți pancetta și prosciutto la foc mediu până se rumenesc. Scurgeți pe prosoape de hârtie. Transferați într-un castron mare; adăugați puiul și amestecați pentru a se combina.

b) Pentru sos, într-o cratiță mare, topește untul la foc mediu. Se amestecă făina până se omogenizează; se bate treptat laptele. Se aduce la fierbere, amestecând continuu; gatiti si amestecati 1-2 minute sau pana se ingroasa. Se ia de pe foc; se amestecă 1/2 cană brânză Asiago, 1 lingură pătrunjel, piper și nucșoară.

c) Preîncălziți cuptorul la 375°. Întindeți 1/2 cană de sos într-un 13x9-in uns. vas de copt. Strat cu o treime din fiecare dintre următoarele: tăiței, sos, amestec de carne, Asiago, mozzarella și parmezan. Repetați straturile de două ori.

d) Se coace, acoperit, 30 de minute. Descoperi; Coaceți încă 15 minute sau până când devine clocotită. Se presara patrunjel ramas. Lăsați să stea 10 minute înainte de servire.

## 75. Scoici decadente umplute cu spanac

Ingrediente
- 1 pachet (12 uncii) coji de paste jumbo
- 1 borcan (24 uncii) ardei roșu prăjit și sos de paste cu usturoi, împărțit
- 2 pachete (8 uncii fiecare) cremă de brânză, înmuiată
- 1 cană sos Alfredo cu usturoi prăjit
- Sare
- Piper piper
- Puneți fulgi de ardei roșu mărunțiți, opțional
- 2 căni de amestec de brânză italiană mărunțită
- 1/2 cană parmezan ras
- 1 pachet (10 uncii) spanac tocat congelat, dezghețat și stors uscat
- 1/2 cană inimioare de anghinare tocate mărunt
- 1/4 cana ardei rosu dulce tocat marunt
- Parmezan suplimentar, optional

**Directii**

a) Preîncălziți cuptorul la 350°. Gătiți cojile de paste conform instrucțiunilor de pe ambalaj pentru al dente. Scurgere.

b) Răspândiți 1 cană de sos într-un 13x9-in uns. vas de copt. Într-un castron mare, bate crema de brânză, sosul Alfredo și condimentele până se omogenizează. Se amestecă brânzeturile și legumele. Se pune în scoici. Aranjați într-o tavă de copt pregătită.

c) Se toarnă deasupra sosul rămas. Se coace, acoperit, 20 de minute. Dacă doriți, stropiți cu brânză suplimentară parmezan. Coaceți, descoperit, cu 10-15 minute mai mult sau pană când brânza se topește.

## 76. Penne Beef Coace

**Ingredient**
- 1 pachet (12 uncii) paste penne din grâu integral
- 1 kilogram carne de vită macră (90% slabă)
- 2 dovlecei medii, tocați mărunt
- 1 ardei verde mare, tocat marunt
- 1 ceapa mica, tocata marunt
- 1 borcan (24 uncii) sos de spaghete
- 1-1/2 cani de sos Alfredo cu continut redus de grasimi
- 1 cană de brânză mozzarella măruntită parțial degresată, împărțită
- 1/4 lingurita praf de usturoi
- Pătrunjel proaspăt tocat, opțional

**Directii**

a) Gătiți penne conform instrucțiunilor de pe ambalaj. Între timp, într-un cuptor olandez, gătiți carnea de vită, dovlecelul, ardeiul și ceapa la foc mediu până când carnea nu mai devine roz, rupând-o în firimituri; scurgere. Se amestecă sosul de spaghete, sosul Alfredo, 1/2 cană de brânză mozzarella și pudră de usturoi. Scurgeți penne; se amestecă în amestecul de carne.

b) Transferați pe un 13x9-in. vas de copt acoperit cu spray de gătit. Acoperiți și coaceți la 375° timp de 20 de minute. Se presară cu restul de brânză mozzarella. Coaceți, descoperit, cu 3-5 minute mai mult sau până când brânza se topește. Dacă se dorește, acoperiți cu pătrunjel.

## 77. Tetrazzini de pui

**Ingredient**
- 8 uncii spaghete nefierte
- 2 lingurițe plus 3 linguri de unt, împărțite
- 8 fasii de bacon, tocate
- 2 cani de ciuperci proaspete feliate
- 1 ceapa mica, tocata
- 1 ardei verde mic, tocat
- 1/3 cană făină universală
- 1/4 lingurita sare
- 1/4 lingurita piper
- 3 cesti supa de pui
- 3 cani de pui de rotisor tocat grosier
- 2 căni de mazăre congelată (aproximativ 8 uncii)
- 1 borcan (4 uncii) pimiento tăiat cubulețe, scurs
- 1/2 cană brânză Romano sau parmezan rasă

**Directii**

a) Preîncălziți cuptorul la 375°. Gătiți spaghetele conform instrucțiunilor de pe ambalaj pentru al dente. Scurgere; transferați pe un 13x9-in uns. vas de copt. Adăugați 2 lingurițe de unt și amestecați.

b) Între timp, într-o tigaie mare, gătiți baconul la foc mediu până devine crocant, amestecând din când în când. Scoateți cu o lingură cu fantă; se scurge pe prosoape de hârtie. Aruncați picuraturile, rezervând 1 lingură în tigaie. Adăugați ciupercile, ceapa și ardeiul verde la picurare; gătiți și amestecați la foc mediu-mare 5-7 minute sau până când se înmoaie. Scoateți din tigaie.

c) În aceeași tigaie, încălziți untul rămas la foc mediu. Se amestecă făina, sare și piper până când se omogenizează; se amestecă treptat în bulion. Se aduce la fierbere, amestecând din când în când; gătiți și amestecați 3-5 minute sau până se îngroașă ușor. Adăugați amestecul de pui, mazăre, pimiento și ciuperci; se încălzește, amestecând din când în când. Peste spaghete cu lingura. Se presară cu slănină și brânză.

d) Coaceți, descoperit, 25-30 de minute sau până când se rumenesc. Lăsați să stea 10 minute înainte de servire.

## 78. Coacerea de paste cu butternut și chard

## Ingredient

- 3 căni de paste nefierte cu papion
- 2 căni de brânză ricotta fără grăsimi
- 4 ouă mari
- 3 căni de dovleac butternut congelat tăiat cubulețe, dezghețat și împărțit
- 1 lingurita de cimbru uscat
- 1/2 lingurita sare, impartita
- 1/4 lingurita nucsoara macinata
- 1 cană de eșalotă tocată grosier
- 1-1/2 cani de smog tocat, tulpinile indepartate
- 2 linguri ulei de masline
- 1-1/2 cani de pesmet panko
- 1/3 cana patrunjel proaspat tocat grosier
- 1/4 lingurita praf de usturoi

## Directii

a) Preîncălziți cuptorul la 375°. Gatiti pastele conform instructiunilor de pe ambalaj pentru al dente; scurgere. Între timp, puneți ricotta, ouăle, 1-1/2 căni de dovleac, cimbru, 1/4 linguriță de sare și nucșoară într-un robot de bucătărie; procesați până la omogenizare. Se toarnă într-un castron mare. Se amestecă pastele, eșalota, smog elvețian și restul de dovleac. Transferați pe un 13x9-in uns. vas de copt.

b) Într-o tigaie mare, încălziți uleiul la foc mediu-mare. Adăugați pesmet; gătiți și amestecați până când se rumenesc, 2-3 minute. Se amestecă pătrunjelul, pudra de usturoi și 1/4 linguriță de sare rămasă. Se presara peste amestecul de paste.

c) Coaceți, neacoperit, până când se întărește și toppingul este maro auriu, 30-35 de minute.

## 79. Chili Mac Casserole

## Ingredient

- 1 cană macaroane cot nefierte
- 2 kg carne de vită macră (90% slabă)
- 1 ceapa medie, tocata
- 2 catei de usturoi, tocati
- 1 conserve (28 uncii) de roșii tăiate cubulețe, nescurcate
- 1 conserve (16 uncii) de fasole, clătită și scursă
- 1 conserve (6 uncii) pastă de tomate
- 1 cutie (4 uncii) ardei iute verde tocat
- 1-1/4 lingurite sare
- 1 lingurita pudra de chili
- 1/2 lingurita de chimen macinat
- 1/2 lingurita piper
- 2 căni de amestec de brânză mexicană mărunțită, cu conținut scăzut de grăsimi
- Ceapa verde taiata felii subtiri, optional

## Directii

a) Gătiți macaroanele conform instrucțiunilor de pe ambalaj. Între timp, într-o tigaie mare antiaderentă, gătiți carnea de vită, ceapa și usturoiul la foc mediu până când carnea nu mai devine roz, rupând carnea în firimituri; scurgere. Se amestecă roșiile, fasolea, pasta de roșii, ardei iute și condimentele. Scurgeți macaroanele; se adaugă la amestecul de carne de vită.

b) Transferați pe un 13x9-in. vas de copt acoperit cu spray de gătit. Acoperiți și coaceți la 375° până când devine bule, 25-30 de minute. Descoperi; se presară cu brânză. Coaceți până când brânza se topește, mai mult cu 5-8 minute. Dacă doriți, acoperiți cu ceapă verde feliată.

## 80. Penne și cârnați afumati

**Ingredient**
- 2 cani de paste penne nefierte
- 1 kilogram de cârnați afumati, tăiați în felii de 1/4 inch
- 1-1/2 cani 2% lapte
- 1 conserve (10-3/4 uncii) supă cremă condensată de țelină, nediluată
- 1-1/2 cani de ceapa cheddar prajita, impartita
- 1 cană de brânză mozzarella mărunțită parțial degresată, împărțită
- 1 cană mazăre congelată

**Directii**

a) Preîncălziți cuptorul la 375°. Gatiti pastele conform instructiunilor de pe ambalaj.

b) Între timp, într-o tigaie mare, rumeniți cârnații la foc mediu 5 minute; scurgere. Într-un castron mare, combinați laptele și supa. Se amestecă 1/2 cană ceapă, 1/2 cană brânză, mazăre și cârnați. Scurge pastele; se amestecă în amestecul de cârnați.

c) Transferați pe un 13x9-in uns. vas de copt. Acoperiți și coaceți până când devine clocotită, 25-30 de minute. Se presară cu ceapa rămasă și brânză. Se coace, neacoperit, până când brânza se topește, mai mult cu 3-5 minute.

d) Opțiunea de congelare: Presărați ceapa rămasă și brânză peste caserola necoaptă. Acoperiți și înghețați. Pentru utilizare, dezghețați parțial la frigider peste noapte. Scoateți din frigider cu 30 de minute înainte de coacere. Preîncălziți cuptorul la 375°. Coaceți caserola conform instrucțiunilor, mărind timpul necesar pentru a se încălzi și pentru ca un termometru introdus în centru să arate 165°.

## 81. Provolone Ziti Bake

**Ingredient**
- 1 lingura ulei de masline
- 1 ceapa medie, tocata
- 3 catei de usturoi, tocati
- 2 cutii (28 uncii fiecare) de roşii zdrobite italiene
- 1-1/2 cani de apa
- 1/2 cană de vin roşu uscat sau bulion de pui cu conţinut redus de sodiu
- 1 lingura zahar
- 1 lingurita busuioc uscat
- 1 pachet (16 uncii) ziti sau paste în tuburi mici
- 8 felii de brânză provolone

**Directii**

a) Preîncălziţi cuptorul la 350°. Într-un 6-qt. oală, încălziţi uleiul la foc mediu-mare. Adăugaţi ceapa; gatiti si amestecati 2-3 minute sau pana se inmoaie. Adăugaţi usturoiul; gătiţi încă 1 minut. Se amestecă roşiile, apa, vinul, zahărul şi busuiocul. Se aduce la fierbere; se ia de pe foc. Se amestecă ziti nefierţi.

b) Transferaţi pe un 13x9-in. vas de copt acoperit cu spray de gătit. Se coace, acoperit, 1 oră. Acoperiţi cu brânză. Se coace, neacoperit, cu 5-10 minute mai mult sau până când ziti este fraged şi brânza este topită.

## 82. Coacerea creveților de păr de înger

**Ingredient**
- 1 pachet (9 uncii) paste refrigerate pentru păr de înger
- 1-1/2 kilograme de creveți medii nefierți, decojiți și devenați
- 3/4 cană brânză feta mărunțită
- 1/2 cană brânză elvețiană mărunțită
- 1 borcan (16 uncii) salsa gros
- 1/2 cană brânză Monterey Jack mărunțită
- 3/4 cana patrunjel proaspat tocat
- 1 lingurita busuioc uscat
- 1 lingurita oregano uscat
- 2 ouă mari
- 1 cană smântână jumătate și jumătate
- 1 cană iaurt simplu
- Pătrunjel proaspăt tocat, opțional

**Directii**
a) Într-un 13x9-in uns. vas de copt, strat de jumătate din paste, creveți, brânză feta, brânză elvețiană și salsa. Repetați straturile. Stropiți cu brânză Monterey Jack, pătrunjel, busuioc și oregano.

b) Într-un castron mic, bateți ouăle, smântâna și iaurtul; se toarnă peste caserolă. Coaceți, descoperit, la 350° până când un termometru arată 160°, 25-30 de minute. Lăsați să stea 5 minute înainte de servire. Dacă doriți, acoperiți cu pătrunjel tocat.

## 83. Lasagna cu curry

## Ingredient

- 1 lingura ulei de canola
- 1 ceapa medie, tocata
- 4 lingurițe pudră de curry
- 3 catei de usturoi, tocati
- 1 conserve (6 uncii) pastă de tomate
- 2 cutii (13,66 uncii fiecare) lapte de cocos
- 1 kilogram (aproximativ 4 căni) de pui de rotisor mărunțit, fără piele
- 12 taitei lasagna, nefierti
- 2 căni de brânză ricotta parțial degresată
- 2 ouă mari
- 1/2 cană coriandru proaspăt tocat, împărțit
- 1 pachet (10 uncii) spanac tocat congelat, dezghețat și stors uscat
- 1/2 lingurita sare
- 1/4 lingurita piper
- 2 căni de brânză mozzarella mărunțită parțial degresată
- felii de lime

## Directii

a) Preîncălziți cuptorul la 350°. Într-o tigaie mare, încălziți uleiul la foc mediu-mare. Adăugați ceapa; gatiti si amestecati pana se inmoaie, aproximativ 5 minute. Adăugați pudră de curry și usturoi; gătiți încă 1 minut. Se amestecă pasta de tomate; turnați lapte de cocos în tigaie. Se aduce la fierbere. Reduceți focul și fierbeți 5 minute. Se amestecă puiul fiert.

b) Între timp, gătiți tăițeii lasagna conform instrucțiunilor de pe ambalaj. Scurgere. Combinați ricotta, ouăle, 1/4 cană de coriandru, spanacul și condimentele.

c) Întindeți o pătrime din amestecul de pui într-un format de 13x9 inci. vas de copt acoperit cu spray de gătit. Strat cu 4 tăiței, jumătate din amestecul de ricotta, o pătrime din amestecul de pui și 1/2 cană de mozzarella. Repetați straturile. Acoperiți cu restul de tăiței, restul de amestec de pui și restul de mozzarella.

d) Coaceți, neacoperit, până când se clocotește, 40-45 de minute. Se răcește cu 10 minute înainte de a tăia. Acoperiți cu coriandru rămas; se serveste cu felii de lime.

## 84. Lasagna cu coji de paste încărcate

**Ingredient**
- 4 căni de brânză mozzarella măruntită
- 1 cutie (15 uncii) brânză ricotta
- 1 pachet (10 uncii) spanac tocat congelat, dezghețat și stors uscat
- 1 pachet (12 uncii) coji de paste jumbo, fierte și scurse
- 3-1/2 căni de sos de spaghete
- Parmezan ras, optional

**Directii**
a) Preîncălziți cuptorul la 350°. Combinați brânzeturile și spanacul; chestii în scoici. Aranjați într-un 13x9-in uns. vas de copt. Peste scoici se toarnă sosul de spaghete. Acoperiți și coaceți până se încălzește, aproximativ 30 de minute.
b) Dacă doriți, stropiți cu parmezan după coacere.

**85. Mostaccioli de chiftele cu trei brânzeturi**

## Ingredient

- 1 pachet (16 uncii) mostaccioli
- 2 oua mari, batute usor
- 1 cutie (15 uncii) brânză ricotta parțial degresată
- 1 kilogram carne de vită
- 1 ceapa medie, tocata
- 1 lingura zahar brun
- 1 lingura condimente italiene
- 1 lingurita praf de usturoi
- 1/4 lingurita piper
- 2 borcane (24 uncii fiecare) sos de paste cu carne
- 1/2 cană brânză Romano rasă
- 1 pachet (12 uncii) chiftele italiene complet fierte congelate, dezghețate
- 3/4 cană parmezan ras
- Pătrunjel proaspăt tocat sau rucola proaspătă, opțional

## Directii

a) Preîncălziți cuptorul la 350°. Gatiti mostaccioli conform instructiunilor de pe ambalaj pentru al dente; scurgere. Între timp, într-un castron mic, amestecați ouăle și brânza ricotta.

b) Într-un 6-qt. oală, gătiți carnea de vită și ceapa 6-8 minute sau până când carnea de vită nu mai este roz, rupând carnea de vită în firimituri; scurgere. Se amestecă zahărul brun și condimentele. Adăugați sosul de paste și mostaccioli; arunca pentru a combina.

c) Transferați jumătate din amestecul de paste într-un 13x9-in uns. vas de copt. Strat cu amestecul de ricotta și amestecul de paste rămas; se presara cu branza Romano. Acoperiți cu chiftele și parmezan.

d) Coaceți, descoperit, 35-40 de minute sau până când se încălzește. Dacă se dorește, acoperiți cu pătrunjel.

## 86. Lasagna albă cu fructe de mare

## Ingrediente
- 9 tăiței lasagna nefierți
- 1 lingura de unt
- 1 kilogram de creveți nefierți (31 până la 40 pe kilogram), decojiți și devenați
- scoici de dafin de 1 kg
- 5 catei de usturoi, tocati
- 1/4 cană vin alb
- 1 lingura suc de lamaie
- 1 kilogram de carne de crab proaspătă

**Sos de brânză:**
- 1/4 cană unt, tăiat cubulețe
- 1/4 cană făină universală
- 3 căni de lapte 2%.
- 1 cană de brânză mozzarella mărunțită parțial degresată
- 1/2 cană parmezan ras
- 1/2 lingurita sare
- 1/4 lingurita piper
- Tastă nucșoară măcinată

**Amestecul de ricotta:**
- 1 cutie (15 uncii) brânză ricotta parțial degresată
- 1 pachet (10 uncii) spanac tocat congelat, dezghețat și stors uscat
- 1 cană de brânză mozzarella mărunțită parțial degresată
- 1/2 cană parmezan ras
- 1/2 cană pesmet asezonat
- 1 ou mare, bătut ușor

**Topping:**
- 1 cană de brânză mozzarella mărunțită parțial degresată
- 1/4 cană parmezan ras
- Pătrunjel proaspăt tocat

## Directii
a) Preîncălziți cuptorul la 350°. Gatiti taiteii lasagna conform instructiunilor de pe ambalaj; scurgere.

b) Între timp, într-o tigaie mare, încălziți untul la foc mediu. Adăugați creveții și scoici în loturi; gătiți 2-4 minute sau până când creveții devin roz și scoicile sunt tari și opace. Scoateți din tigaie.

c) Adăugați usturoiul în aceeași tigaie; gatiti 1 minut. Adăugați vinul și sucul de lămâie, amestecând pentru a slăbi bucățile rumenite din tigaie. Se aduce la fierbere; gătiți 1-2 minute sau până când lichidul scade la jumătate. Adăugați crabul; căldură prin. Se amestecă creveții și scoici.

d) Pentru sosul de brânză, topește untul la foc mediu într-o cratiță mare. Se amestecă făina până se omogenizează; se bate treptat laptele. Se aduce la fierbere, amestecând continuu; gătiți și amestecați până se îngroașă, 1-2 minute. Se ia de pe foc; se amestecă ingredientele rămase pentru sosul de brânză. Într-un castron mare, combinați ingredientele din amestecul de ricotta; se amestecă 1 cană de sos de brânză.

e) Întindeți 1/2 cană de sos de brânză într-un 13x9-in uns. vas de copt. Strat cu 3 tăiței, jumătate din amestecul de ricotta, jumătate din amestecul de fructe de mare și 2/3 cană sos de brânză. Repetați straturile. Acoperiți cu restul de tăiței și sos de brânză. Presărați deasupra 1 cană de brânză mozzarella și 1/4 de cană de parmezan.

f) Coaceți, neacoperit, 40-50 de minute sau până când clocotește și blatul este maro auriu. Lăsați să stea 10 minute înainte de servire. Se presara patrunjel.

## 87. Pizza Paste Caserolă

**Ingredient**
- 2 kg carne de vită tocată
- 1 ceapa mare, tocata
- 3-1/2 căni de sos de spaghete
- 1 pachet (16 uncii) paste spiralate sau cavatappi, fierte și scurse
- 4 căni de brânză mozzarella mărunțită parțial degresată
- 8 uncii pepperoni felii

**Directii**
a) Preîncălziți cuptorul la 350°. Într-o tigaie mare, gătiți carnea de vită și ceapa la foc mediu până când carnea nu mai devine roz; scurgere. Se amestecă sosul de spaghete și pastele.
b) Transferați în 2 unse 13x9-in. vase de copt. Se presară cu brânză. Aranjați pepperoni deasupra.
c) Coaceți, descoperit, 25-30 de minute sau până când se încălzește.
d) Opțiune de congelare: caserole necoapte la rece; acoperiți și congelați până la 3 luni. Pentru utilizare, dezghețați parțial la frigider peste noapte. Scoateți din frigider cu 30 de minute înainte de coacere. Preîncălziți cuptorul la 350°. Coaceți conform instrucțiunilor, crescând timpul la 35-40 de minute sau până când este încălzit și un termometru introdus în centru arată 165°.

## 88. Manicotti de brânză

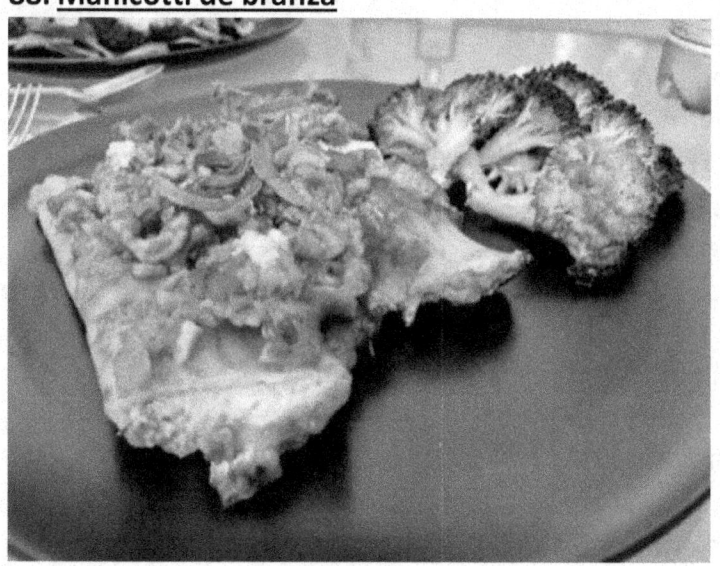

**Ingredient**
- 1 cutie (15 uncii) brânză ricotta cu conținut scăzut de grăsimi
- 1 ceapa mica, tocata marunt
- 1 ou mare, bătut ușor
- 2 linguri patrunjel proaspat tocat
- 1/2 lingurita piper
- 1/4 lingurita sare
- 1 cană de brânză mozzarella mărunțită parțial degresată, împărțită
- 1 cană parmezan ras, împărțit
- 4 cani de sos marinara
- 1/2 cană apă
- 1 pachet (8 uncii) coji de manicotti
- Suplimentar patrunjel, optional

**Directii**

a) Preîncălziți cuptorul la 350°. Într-un castron mic, amestecați primele 6 ingrediente; se amestecă 1/2 cană brânză mozzarella și 1/2 cană brânză parmezan. Într-un alt castron, amestecați sosul marinara și apa; răspândiți 3/4 de cană de sos pe fundul unui 13x9-in. vas de copt acoperit cu spray de gătit. Umpleți cojile de manicotti nefierte cu amestec de ricotta; aranjați peste sos. Acoperiți cu sosul rămas.

b) Coaceți, acoperit, 50 de minute sau până când pastele sunt fragede. Se presară cu 1/2 cană de brânză mozzarella rămasă și 1/2 cană de brânză parmezan. Coaceți, descoperit, cu 10-15 minute mai mult sau până când brânza se topește. Dacă doriți, acoperiți cu pătrunjel suplimentar.

## 89. Lasagna cu patru brânză

**Ingredient**
- 1 kilogram carne de vită
- 1 ceapa medie, tocata
- 2 catei de usturoi, tocati
- 1 conserve (28 uncii) de roșii, nescurcate
- 1 conserve (8 uncii) de ciuperci feliate, scurse
- 1 conserve (6 uncii) pastă de tomate
- 1 lingurita sare
- 1 lingurita oregano uscat
- 1 lingurita busuioc uscat
- 1/2 lingurita piper
- 1/2 linguriță de semințe de fenicul
- 2 căni de brânză de vaci 4%.
- 2/3 cană parmezan ras
- 1/4 cană brânză cheddar blândă mărunțită
- 1-1/2 cani de brânză mozzarella mărunțită parțial degresată, împărțită
- 2 ouă mari
- 1 kg taitei lasagna, fierti si scursi

**Directii**

a) Într-o tigaie, gătiți carnea de vită, ceapa și usturoiul la foc mediu până când carnea nu mai este roz și ceapa este fragedă; scurgere. Într-un blender, procesați roșiile până la omogenizare. Se amestecă în amestecul de carne de vită împreună cu ciuperci, pasta de roșii și condimente; se fierbe 15 minute.

b) Într-un castron, combinați brânză de vaci, parmezan, cheddar, 1/2 cană de mozzarella și ouă. Răspândiți 2 căni de sos de carne în fundul unui 13x9-in neuns. vas de copt. Aranjați jumătate de tăiței peste sos. Întindeți amestecul de brânză peste tăiței. Acoperiți cu restul de tăiței și sos.

c) Acoperiți și coaceți la 350° timp de 45 de minute. Descoperi; se presară cu mozzarella rămasă. Reveniți la cuptor pentru 15 minute sau până când brânza se topește.

## 90. Lasagna cu pui de bivoliță

12 portii

**Ingredient**
- 1 lingura ulei de canola
- 1-1/2 kilograme de pui măcinat
- 1 ceapa mica, tocata
- 1 coastă de țelină, tocată mărunt
- 1 morcov mare, ras
- 2 catei de usturoi, tocati
- 1 conserve (14-1/2 uncii) de roșii tăiate cubulețe, scurse
- 1 sticlă (12 uncii) sos de aripi de bivoliță
- 1/2 cană apă
- 1-1/2 linguriță de condimente italiene
- 1/2 lingurita sare
- 1/4 lingurita piper
- 9 taitei lasagna
- 1 cutie (15 uncii) brânză ricotta
- 1-3/4 căni de brânză albastră mărunțită, împărțită
- 1/2 cană pătrunjel italian tocat cu frunze plate
- 1 ou mare, bătut ușor
- 3 căni de brânză mozzarella mărunțită parțial degresată
- 2 căni de brânză cheddar albă mărunțită

**Directii**

a) Într-un cuptor olandez, încălziți uleiul la foc mediu. Adăugați puiul, ceapa, țelina și morcovul; gatiti si amestecati pana cand carnea nu mai este roz si legumele sunt fragede. Adăugați usturoiul; gătiți încă 2 minute. Se amestecă roșiile, sosul de aripioare, apa, condimentele italiene, sare și piper; aduce la fierbere. Reduce caldura; se acopera si se fierbe 1 ora.

b) Între timp, gătiți tăiței conform instrucțiunilor de pe ambalaj; scurgere. Într-un castron mic, amestecați brânza ricotta, 3/4 cană brânză albastră, pătrunjelul și oul. Preîncălziți cuptorul la 350°.

c) Răspândiți 1-1/2 căni de sos într-un 13x9-in uns. vas de copt. Strat cu trei tăiței, 1-1/2 cană de sos, 2/3 cană amestec de ricotta, 1 cană brânză mozzarella, 2/3 cană brânză cheddar și 1/3 cană brânză albastră. Repetați straturile de două ori.

**d)** Se coace, acoperit, 20 de minute. Descoperi; coaceți până când se topește și brânza se topește, 20-25 de minute. Lăsați să stea 10 minute înainte de servire.

## 91. Rulouri cremoase de lasagna cu pui

## Ingredient
- 10 taitei lasagna
- 3/4 de kilogram de piept de pui dezosat și fără piele, tăiat cubulețe
- 1-1/2 lingurite herbes de Provence
- 1/2 lingurita sare, impartita
- 1/2 lingurita piper, impartit
- 1 lingura ulei de masline
- 2 căni de brânză ricotta
- 1/2 cană parmezan ras, împărțit
- 1/4 cană lapte 2%.
- 2 linguri patrunjel proaspat tocat
- 4 căni de sos de spaghete
- 8 uncii de brânză mozzarella proaspătă, feliată subțire
- Suplimentar pătrunjel proaspăt tocat, opțional

## Directii

a) Preîncălziți cuptorul la 375°. Gătiți tăițeii lasagna conform instrucțiunilor de pe ambalaj.

b) Între timp, stropiți puiul cu ierburi de Provence, 1/4 linguriță sare și 1/4 linguriță piper. Într-o tigaie mare, gătiți puiul în ulei la foc mediu timp de 5-7 minute sau până când nu mai devine roz; pus deoparte.

c) Într-un castron mare, combinați ricotta, 1/4 cană de parmezan, laptele, pătrunjelul și restul de sare și piper. Adăugați pui.

d) Scurgeți tăițeii. Întindeți 1 cană de sos de spaghete într-un 13x9-in uns. vas de copt. Întindeți 1/3 cană amestec de pui peste fiecare tăiței; rulează cu grijă. Puneți cu cusătura în jos peste sos. Acoperiți cu sosul rămas și parmezan.

e) Acoperiți și coaceți 30 de minute. Descoperi; deasupra cu brânză mozzarella. Coaceți 15-20 de minute mai mult sau până când se topește brânza și se topește. Acoperiți cu pătrunjel suplimentar, dacă doriți.

## 92. Lasagna Marsala cu pui

**Ingrediente**
- 12 taitei lasagna
- 4 lingurițe de condimente italiene, împărțite
- 1 lingurita sare
- 3/4 de kilogram de piept de pui dezosat și fără piele, tăiat cubulețe
- 1 lingura ulei de masline
- 1/4 cana ceapa tocata marunt
- 1/2 cană unt, tăiat cubulețe
- 1/2 kilogram de ciuperci portobello feliate
- 12 catei de usturoi, tocati
- 1-1/2 cani supa de vita
- 3/4 cană vin Marsala, împărțit
- 1/4 lingurita piper macinat grosier
- 3 linguri amidon de porumb
- 1/2 cana sunca tocata fin
- 1 cutie (15 uncii) brânză ricotta
- 1 pachet (10 uncii) spanac tocat congelat, dezghețat și stors uscat
- 2 căni de amestec de brânză italiană mărunțită
- 1 cană parmezan ras, împărțit
- 2 oua mari, batute usor

**Directii**

a) Gătiți tăițeii conform instrucțiunilor de pe ambalaj; scurgere. Între timp, amestecați 2 lingurițe de condimente italiene și sare; se presara peste pieptul de pui. Într-o tigaie mare, încălziți uleiul la foc mediu-mare. Adăugați pui; soteti pana nu mai sunt roz. Scoateți și păstrați la cald.

b) În aceeași tigaie, gătiți ceapa în unt la foc mediu 2 minute. Se amestecă ciupercile; gatiti pana se inmoaie, cu 4-5 minute mai mult. Adăugați usturoiul; gatiti si amestecati 2 minute.

c) Se amestecă bulion, 1/2 cană de vin și piper; aduce la fierbere. Amestecați amidonul de porumb și vinul rămas până la omogenizare; se amestecă în tigaie. Se aduce la fierbere; gătiți și amestecați până se îngroașă, aproximativ 2 minute. Se amestecă șunca și puiul.

**d)** Preîncălziți cuptorul la 350°. Combinați brânză ricotta, spanacul, amestecul de brânză italiană, 3/4 cană de brânză parmezan, ouăle și condimentele italiene rămase. Întindeți 1 cană de amestec de pui într-un 13x9-in uns. vas de copt. Strat cu 3 tăiței, aproximativ 3/4 cană amestec de pui și aproximativ 1 cană amestec ricotta. Repetați straturile de 3 ori.

**e)** Se coace, acoperit, 40 de minute. Se presară cu restul de parmezan. Coaceți, descoperit, până când caserola este clocotită și brânza este topită, 10-15 minute. Lăsați să stea 10 minute înainte de a tăia.

## 93. Lasagna Putere

**Ingredient**
- 9 taitei lasagna din grau integral
- 1 kilogram carne de vită macră (90% slabă)
- 1 dovlecel mediu, tocat fin
- 1 ceapa medie, tocata marunt
- 1 ardei verde mediu, tocat fin
- 3 catei de usturoi, tocati
- 1 borcan (24 uncii) sos de paste fără carne
- 1 conserve (14-1/2 uncii) de roșii tăiate cubulețe fără sare, scurse
- 1/2 cană frunze de busuioc împachetate lejer, tocate
- 2 linguri de seminte de in macinate
- 5 lingurițe de condimente italiene
- 1/4 lingurita piper
- 1 cutie (15 uncii) de brânză ricotta fără grăsimi
- 1 pachet (10 uncii) spanac tocat congelat, dezghețat și stors uscat
- 1 ou mare, bătut ușor
- 2 linguri otet balsamic alb
- 2 căni de brânză mozzarella mărunțită parțial degresată
- 1/4 cană parmezan ras

**Directii**

a) Preîncălziți cuptorul la 350°. Gătiți tăițeii conform instrucțiunilor de pe ambalaj. Între timp, într-un 6-qt. oală, gătiți carnea de vită, dovlecelul, ceapa și ardeiul verde la foc mediu până când carnea de vită nu mai este roz, despărțind carnea de vită în firimituri. Adăugați usturoiul; gătiți încă 1 minut. Scurgere.

b) Se amestecă sosul de paste, roșiile tăiate cubulețe, busuioc, in, condimente italiene și piper; căldură totuși. Scurgeți tăițeii și clătiți în apă rece.

c) Într-un castron mic, amestecați brânza ricotta, spanacul, oul și oțetul. Întindeți 1 cană de amestec de carne într-un 13x9-in. vas de copt acoperit cu spray de gătit. Strat cu trei tăiței, 2 căni de amestec de carne, 1-1/4 căni de amestec de brânză ricotta și 2/3 căni de brânză mozzarella. Repetați straturile. Acoperiți cu restul de tăiței, amestec de carne și brânză mozzarella; se presara cu parmezan.

**d)** Se coace, acoperit, 30 de minute. Coaceți, descoperit, cu 10-15 minute mai mult sau până când brânza se topește. Lăsați să stea 10 minute înainte de servire.

## 94. Caserolă cu creveți Fettuccine

## Ingredient
- 6 uncii fettuccine nefierte
- 1 ou mare
- 3/4 cană smântână jumătate și jumătate
- 1/2 cană smântână
- 1/2 lingurita sare
- 2 căni de brânză cheddar mărunțită
- 1/4 cană ardei iute verde tocat la conserva
- 3 cepe verde, feliate subțiri
- 1 lingură fiecare coriandru proaspăt tocat, busuioc și maghiran
- 1 kilogram de creveți nefierți (31-40 pe kilogram), decojiți și devenați sau congelați, carne de coadă de languste, dezghețată
- 1 cană salsa
- 1/2 cană brânză pepper jack mărunțită
- 2 cani de chipsuri tortilla, zdrobite
- 2 rosii prune, tocate
- 1 avocado mediu copt, decojit și feliat

## Directii
a) Preîncălziți cuptorul la 350°. Gătiți fettuccine conform instrucțiunilor de pe ambalaj. Într-un castron mare, bateți oul, smântâna, smântâna și sarea. Se amestecă brânză cheddar, ardei iute, ceapă verde și ierburi. Scurgeți fettuccine.

b) Într-un 13x9-in uns. vas de copt, strat de jumătate de fettuccine, creveți, amestec de smântână și salsa. Repetați straturile.

c) Se coace, acoperit, 35 de minute. Se presară cu brânză pepper jack, chipsuri și roșii. Coaceți, neacoperit, cu 5-10 minute mai mult sau până când clocotește și brânza se topește. Serviți cu felii de avocado.

## 95. Lasagna cu spanac cu anghinare

**Ingredient**
- 1 lingura ulei de masline
- 1 ceapa mica, tocata
- 1/2 cană ciuperci proaspete feliate
- 4 catei de usturoi, tocati
- 1 cutie (14-1/2 uncii) supă de legume sau de pui
- 1 cutie (14 uncii) inimioare de anghinare umplute cu apă, scurse și tocate grosier
- 1 pachet (10 uncii) spanac tocat congelat, dezghețat și stors uscat
- 1 lingurita rozmarin uscat, zdrobit
- 1/4 lingurita nucsoara macinata
- 1/4 lingurita piper
- 1 borcan (16 uncii) usturoi prăjit parmezan sau sos Alfredo cu usturoi prăjit

**Asamblare:**
- 12 tăiței lasagna fără gătire
- 3 căni de brânză mozzarella mărunțită parțial degresată
- 1 cană brânză feta mărunțită cu roșii și busuioc sau brânză feta
- 1/8 lingurita praf de usturoi
- 1/8 linguriță fiecare oregano uscat, fulgi de pătrunjel și busuioc

**Directii**

a) Preîncălziți cuptorul la 350°. Într-o cratiță mare, încălziți uleiul la foc mediu-mare. Adăugați ceapa și ciupercile; gatiti si amestecati pana se inmoaie. Adăugați usturoiul; gătiți încă 1 minut. Se amestecă bulionul, anghinarea, spanacul, rozmarinul, nucșoara și piperul; aduce doar la fierbere. Reduce caldura; se fierbe 5 minute, amestecând din când în când. Se amestecă sosul Alfredo; se ia de pe foc.

b) Răspândiți 1 cană de sos într-un 13x9-in uns. vas de copt. Strat cu 3 tăiței și 2/3 cană de brânză mozzarella. Repetați straturile de 3 ori. Acoperiți cu sosul rămas și brânză mozzarella. Se presară cu brânză feta, pudră de usturoi și ierburi.

**c)** Se coace, acoperit, 40 de minute. Coaceți, descoperit, încă 15 minute sau până când tăițeii sunt fragezi. Lăsați să stea 10 minute înainte de servire.

## 96. Lasagna în stil texan

**Ingredient**
- 1-1/2 kg carne de vită măcinată
- 1 lingurita sare condimentata
- 1 pachet (1-1/4 uncii) condimente pentru taco
- 1 conserve (14-1/2 uncii) de roșii tăiate cubulețe, nescurcate
- 1 cutie (15 uncii) sos de roșii
- 1 cutie (4 uncii) ardei iute verde tocat
- 2 căni de brânză de vaci 4%.
- 2 oua mari, batute usor
- 12 tortilla de porumb (6 inchi), rupte
- 3-1/2 până la 4 căni de brânză Monterey Jack mărunțită
- Toppinguri opționale: chipsuri tortilla zdrobite, salsa și avocado tăiat cubulețe

**Directii**

a) Într-o tigaie mare, gătiți carnea de vită la foc mediu până când nu mai devine roz; scurgere. Adăugați sarea condimentată, condimentele pentru taco, roșiile, sosul de roșii și ardei iute. Reduce caldura; se fierbe, neacoperit, timp de 15-20 de minute. Într-un castron mic, combinați brânza de vaci și ouăle.

b) Într-un 13x9-in uns. tavă de copt, stratificați jumătate din fiecare dintre următoarele: sos de carne, tortilla, amestec de brânză de vaci și brânză Monterey Jack. Repetați straturile.

c) Coaceți, neacoperit, la 350° timp de 30 de minute sau până când se clocotește. Lăsați să stea 10 minute înainte de servire. Ornați cu toppinguri dacă doriți.

d) Opțiune de congelare: înainte de coacere, acoperiți și congelați lasagna până la 3 luni. Dezghețați la frigider peste noapte. Scoateți din frigider cu 30 de minute înainte de coacere. Coaceți conform instrucțiunilor, mărind timpul după cum este necesar pentru ca un termometru să indice 160°.

## 97. Lasagna tradițională

**Ingredient**
- 1 kilogram carne de vită
- 3/4-lira cârnați de porc în vrac
- 3 conserve (8 uncii fiecare) sos de rosii
- 2 conserve (6 uncii fiecare) de pastă de tomate
- 2 catei de usturoi, tocati
- 2 lingurite de zahar
- 1 lingurita condimente italiene
- 1/2 până la 1 linguriță sare
- 1/4 până la 1/2 linguriță de piper
- 3 ouă mari
- 3 linguri patrunjel proaspat tocat
- 3 căni 4% brânză de vaci cu caș mic
- 1 cană de brânză ricotta
- 1/2 cană parmezan ras
- 9 taitei lasagna, fierti si scursi
- 6 felii de brânză provolone (aproximativ 6 uncii)
- 3 căni de brânză mozzarella mărunțită parțial degresată, împărțită

**Directii**

a) Într-o tigaie mare la foc mediu, gătiți și fărâmițați carnea de vită și cârnații până când nu mai sunt roz; scurgere. Adăugați următoarele 7 ingrediente. Se aduce la fierbere. Reduce caldura; se fierbe, neacoperit, 1 oră, amestecând din când în când. Ajustați condimentul cu sare și piper, dacă doriți.

b) Între timp, într-un castron mare, bate ușor ouăle. Se adauga patrunjel; se amestecă cu brânză de vaci, ricotta și parmezan.

c) Preîncălziți cuptorul la 375°. Întindeți 1 cană de sos de carne într-un 13x9-in neuns. vas de copt. Strat cu 3 tăiței, brânză provolone, 2 căni de amestec de brânză de vaci, 1 cană de mozzarella, 3 tăiței, 2 căni de sos de carne, restul de amestec de brânză de vaci și 1 cană de mozzarella. Acoperiți cu restul de tăiței, sos de carne și mozzarella (va fi plin).

d) Acoperi; coace 50 de minute. Descoperi; coace până se încălzește, aproximativ 20 de minute. Lăsați să stea 15 minute înainte de a tăia.

## 98. Caserolă cu cârnați

**Ingredient**
- 1 pachet (16 uncii) paste penne
- Cârnați italieni în vrac de 1 kg
- 1 lingura de unt
- 1 lingura ulei de masline
- 1 ceapa medie, tocata marunt
- 1 morcov mediu, tocat mărunt
- 1-1/2 linguriță de oregano uscat
- 1 lingurita sare
- 1/2 lingurita piper
- 1 dovlecel mic, tăiat în jumătate pe lungime și feliat
- 1 cana ciuperci proaspete tocate
- 6 catei de usturoi, tocati
- 1 cutie (15 uncii) sos de roșii
- 1 borcan (14 uncii) sos de paste cu carne
- 2 căni de brânză mozzarella mărunțită parțial degresată

**Directii**

a) Preîncălziți cuptorul la 350°. Gatiti pastele conform instructiunilor de pe ambalaj pentru al dente; Scurgeți și transferați pe 13x9-in uns. vas de copt. Între timp, într-o tigaie mare, gătiți cârnații la foc mediu până când nu mai sunt roz, 6-8 minute, fărâmițându-se în firimituri; se scurge si se scoate din tava.

b) În aceeași tigaie, încălziți untul și uleiul la foc mediu-mare. Adăugați ceapa, morcovul, oregano, sare și piper; gatiti si amestecati 5 minute. Adăugați dovlecelul, ciupercile și usturoiul; gatiti si amestecati inca 6-8 minute sau pana cand legumele sunt fragede.

c) Se amestecă sosul de roșii, sosul de paste și cârnații; se toarnă peste paste. Stropiți cu brânză (vasul va fi plin). Acoperiți caserola cu o bucată de folie acoperită cu spray de gătit. Coaceți 10 minute. Descoperi; se coace până se rumenește și brânza se topește, mai mult cu 15-20 de minute. Lăsați să stea 10 minute înainte de servire.

## 99. Lasagna de fasole

Randament: 4 portii

**Ingredient**
- 1 lingura    Ulei vegetal
- 1 cană Ceapa maruntita
- 3 catei de usturoi, tocati
- 1 14 oz. Cutie de sos de roșii
- 1 conserve mică de pastă de roșii
- 3 linguri oregano
- 2 linguri Busuioc
- ½ linguriță Boia
- 1½ cană de fasole amestecată
- 1½ cană brânză de vaci cu conținut scăzut de grăsimi
- 2 căni de mozzarella cu conținut scăzut de grăsimi [răzuită]
- 1 ou
- 8 taitei lasagna [fierți]
- 1 linguriță de frunze de coriandru [tocate]
- 2 linguri Parmezan

**Directii**
a) Înmuiați fasolea de la patru până la opt ore. Acoperiți cu apă într-o cratiță și aduceți fasolea la fiert. Se fierbe 30 - 40 de minute. Încinge uleiul, căliți ceapa și usturoiul până se înmoaie.
b) Adaugati sosul de rosii, pasta de rosii, oregano, busuioc, boia si fasole fiarta, scursa. Se aduce la fierbere, se reduce focul, se fierbe 8 - 10 minute.
c) Adăugați frunze de coriandru. Preîncălziți cuptorul la 325 F. Combinați brânza de vaci, mozzarella și ou. Într-o tavă unsă pentru lasagna se pune un strat de tăiței, un strat de amestec de fasole și un strat de amestec de brânză. Continuați, alternând tăiței, fasole și brânză, terminând cu un strat de brânză deasupra.
d) Presărați parmezan peste stratul superior. Coaceți timp de 40 de minute la 325 F.

## CONCLUZIE

Lasagna este un preparat clasic italian, care a devenit favorit în multe părți ale lumii, iubit pentru aromele sale bogate și natura reconfortantă. Straturile de paste, brânză și sos se reunesc pentru a crea o masă satisfăcătoare și delicioasă, perfectă pentru orice ocazie. Cu nenumărate variante și modalități de a o personaliza, lasagna este un fel de mâncare care poate fi savurat de toată lumea. Indiferent dacă îl preferați cu carne, legume sau un amestec al ambelor, lasagna este un fel de mâncare versatil și delicios, care va continua să fie un clasic îndrăgit pentru generațiile viitoare.

www.ingramcontent.com/pod-product-compliance
Lightning Source LLC
Chambersburg PA
CBHW070653120526
44590CB00013BA/947